閱讀、遊歷和愛情

梁永安

梁永安 著

在目前的時代背景下，言行合一的人必然是孤獨的。

很多人都希望自己能「雖千萬人吾往矣」，但很少人能做到。

今天的人要在這個時代有真正自由的生活，必然從孤獨開始。

目 錄

目錄

談愛情

談孤獨

目錄

序言

—— 高黎貢，所有這一切的真正起點

1973 年 10 月 23 日，我和幾個高中畢業的同學走下大巴，佇立在怒江峽谷的一個山腳下，忐忑地等待上面的村寨派人來接。

峽谷，總是有些神祕的氣息。已是傍晚時分，一里開外，怒江水默默地流著，泛起變幻莫測的道道水紋。夕陽暖黃，餘暉斜照東岸高高的山崖，剪映出一群群歸巢山鳥的灰影。向西望去，綿延不絕的山峰忽明忽暗，沉甸甸地倚在天際，那就是日夜俯瞰怒江奔流的高黎貢山。

那一刻，我忽然有些惶惑：難道以後就要在這深深的怒江峽谷中扎下根來，日復一日地勞動，在高山與江水的籠罩中度過一生？一切都沒有答案，我驀然有些失落，天色似乎更加灰暗了。

沒想到，2 年後的 1975 年，也是 10 月 23 日，我坐在大卡車上，在同一個地點啟程，回城當了工人。那一天，那個叫「芒合」的傣族寨子漸漸遠去，直到看不見，但我還是看了又看，滿心的不捨。

1978 年 2 月，我考入復旦大學，從學生到教師，在上海一晃多年。雖說學業、工作繁忙，也走過了世界上不少地方，但夜深人靜之時，常常有一種無形的吸引力，帶我夢迴曾經生活了 2 年的怒江峽谷。金黃的芒果、肥碩的芭蕉葉、雪白的瀑布、傣家人的火把、月夜的稻香……一切一切，都飄蕩在記憶之海中，融入生命的脈動中。

我插隊所在的芒合寨散在一片高坡上，坡後是一道清洌的河流。河水自山谷蜿蜒而下，山谷兩旁是枝葉葳蕤的熱帶雜木林。林子裡散布著數不

盡的山花、野果。最常見的是橄欖，綠的、黃的、大的、小的，林林總總，一樹又一樹。這裡的山也千姿百態，拐一個彎，眼前就變了樣。水往低處流，在山和山之間劃下一道道山澗，山澗自然也彎彎曲曲。奇妙的是，沿山澗向上望，極遠處的樹木茂密處，隱約一道瀑布遙掛山崖，那大概是這條河的上游了。從瀑布再往上看，景色飛快變化，綠色猶如被一支巨筆匆匆抹去，只留下灰茫茫的松柏，點綴在峻峭的高寒處。從它們稀落的遠影看，那裡的風日夜颳個不停。從那片灰色再向上，亮閃閃地浮著皚皚的白雪，透出聖潔與威嚴。白雪之上，千丈古岩赫然聳立，青光閃閃，那是高黎貢山的高峰，本色、凜然又單純。

這就是芒合寨的背景，一幅巨大的垂直畫卷。這畫卷的縱深，不過短短幾十里，但視野中的風景，千變萬化。從這美麗畫卷中流出來一道嘩嘩作響的大河，從村後繞了個彎，跳躍著飛馳而下，躍入怒江，激起不盡的喧譁。

來到芒合寨不久，便是熱鬧的春節。初春二月，江風已經暖了。無雨的時節，江水碧綠，波紋柔而長，攜著山影而來，流著落花而去。江岸一片銀白，裸露的江沙晶晶閃亮。成群的木棉樹還沒有長出綠葉，古灰色的枝頭上卻已經綻開了一朵朵火紅的花，倒映在一江春水之中。這是怒江最妖嬈的時光，它一路化開冬日的蕭瑟，帶來兩岸五彩的春意。隨著布穀鳥的呼喚，傣家人進入了繁忙的春種時節，晒田、放水、育秧、插秧……一年的耕作，開始了。自然在默默地運行，江水和高山和諧地傳遞著萬物生長的節律，美麗的芒合寨，遠遠望去，籠罩在濃濃的綠蔭中，若隱若現，一切都天衣無縫，共容在山水相依的情意中。一道道水田、一壟壟甘蔗、一片片芭蕉林沿著緩緩的坡地舒展開來，彷彿是生靈千古的呼吸。

怒江兩岸，並不是芒合寨得天獨厚，獨領風流。沿著怒江西岸的山道

行走，一道道江灣接著一片片山坡，一張一弛地伸向遠方。山坡有大有小，各族百姓就棲息在這些可耕可居的山地上。山坡的後面大多有河，河兩岸一定有山，屏風般交錯著，移向高黎貢山的深處。在春日裡登高遠望，天地人渾然一體，氣勢磅礴而又純淨澄明。從古到今，人們追求的不正是這種物我兩忘的境界嗎？

被這片大自然的靈秀之地吸引，傣族、傈僳族、彝族、景頗族、德昂族，還有漢族紛紛在怒江兩岸定居，形成多民族雜處的特異人文。當時每月逢十，是各族人「趕擺」（「集會」之謂）的日子。趕擺的地方，可以說是個小小的民族服裝展示會，各族人來來往往，服飾五顏六色，風情瑰麗。印象最深的是景頗族的男人和德昂族的女人。景頗男人的服裝大黃大黑，腰上斜掛著一把長刀，威風凜凜。而德昂女人上裝綴滿銀子打的圓片，小腿上套著密密的黑色竹圈，走起來颯颯有聲。賣東西的人並不稱斤論兩，而是按「個」或「串」或「堆」交易。各族人有時語言不通，就用手比比畫畫，彼此會意一笑。趕擺時能見到很多城裡難得見到的稀罕東西。山野風貌濃濃的攤位上，有時也能看到日本的雙獅錶、東南亞的 T 恤衫、美國的打火機……儼然有了全球化氣息。那裡離緬甸很近，人流往返，也帶來了異國他鄉的物資。

峽谷裡的人生活很簡單，耕種稻田山地，還有密密的甘蔗林。甘蔗是村寨重要的經濟作物，讓芒合寨的高價勞力一天能掙一塊六毛錢。記得我剛剛到上海讀書的時候，有次與當過知青的同學一起聊天，談起收入，才知道很多人在農村勞動一天竟然只得到兩三毛錢。這使我猛然明白，怒江雖然山高路遠，但上天待人並不薄，使那裡的人們在一個普遍貧困的年代，還有超出平均水準的收入。然而這種記憶是短暫的，芒合寨在短短的一年中，也遭遇了元氣大傷的收入銳減，起因是計畫經濟的指令。上級讓

芒合寨劃出 100 畝地栽種棉花，而熱帶地區種棉花，最大的問題是治蟲。棉花苗剛出土，各種蟲害就洶湧而來。唯一的辦法是噴灑藥水。於是我和幾個社員天天背著噴霧器與棉蟲戰鬥，幾天一個循環，根本不敢停。棉花地中央有一棵光禿禿的樹，不知死去多少年。但我們開始噴藥水的第二天清晨，遠遠看去，地裡那棵枯樹一夜之間青枝綠葉！太不可思議了，我們簡直要相信世界有神了。我跑到樹旁細看，不由得倒吸一口冷氣：原來那些「綠葉」是一樹密密麻麻的碧色毛蟲。看來是牠們受不了滿地的藥水氣息，到樹上避難了。這是我人生中看到的最驚悚的畫面，至今歷歷在目。這些棉花地費盡了芒合寨的人力、物力，最後的結果，一畝地僅能採收到十來斤棉花，幾乎把生產隊拖垮了。這記憶伴隨著回城後心靈上的成長，讓我深深地知道，我們為什麼需要改革開放，為什麼不能讓這樣的苦難重現。

靠山吃山，靠水吃水，這是人類的生活法則。芒合寨的鄉民除了種植，還上山打獵，下江捕魚。上山打獵，野豬、麂子、黑熊，都是目標。寨子裡有個智力障礙的小夥子，看到別人在河邊埋設鐵扣，捕捉水獺，於是他也借了幾副鐵扣，隨意安放在河邊。想不到他一天之內扣到三隻水獺，創造了史無前例的奇蹟。看到他提著三隻水獺，去供銷社賣了 48 元錢，我忽然感覺這山鄉有點兒魔力，什麼奇幻的事都可能發生。後來他再接再厲，借了一個竹子編的長籠，放到怒江裡捕魚。說來真不可思議，他竟然捉到了一條重達 43 斤的大鯰魚。是不是怒江以此向人們昭示自己的深不可測？

生存是艱難的，但傣家人的習俗仍有一股浪漫的氣息。春節、火把節風風火火，日常的習俗也情趣叢生，特別是「搶婚」，令人忍俊不禁。我第一次看到「搶婚」是在春天，清晨一片寂靜中，一陣哭聲突然響起。細

細聽，是母女在對哭，起起伏伏綿延不止。我趕緊起來問人，才知道今天有「搶婚」。按常規，出嫁的女兒要依偎在母親身邊，二人一起嚶嚶哭泣。院落外，一大群提著棍棒的小夥子嚴陣以待。母女的哭聲縈繞不絕，一直到日上三竿，來「搶親」的男方家還不見蹤影。女家的父親跑到家門口不停地張望，嘴裡唸唸有詞：這麼晚了，怎麼還不來搶？還好，等了半晌，男家的隊伍終於趕到，兩輛手扶拖拉機裝滿手執棍棒的小夥子。他們跳下車，與等候在女家門口的人群「大打出手」。棍棒交錯中，男家的人終於突入院中，將新娘架了出來。新娘一出來，「戰鬥」的雙方立刻笑臉相向，熱熱鬧鬧坐下來大碗喝酒，大塊吃肉。這樣的習俗，恐怕有上千年了吧？

在芒合寨只生活了短短 2 年，但它始終伴隨著我後來的生活與成長。2002 年我在日本神戶外國語大學教書時，學生問我：「你最難忘哪一段生活？」

「在雲南高黎貢山勞動的那 2 年。」我幾乎不假思索。

我常常想，那 2 年的時光為什麼如此令人難忘？也許，是那裡山高水長的蒼鬱氣象；也許，是那裡淳樸奮勉的鄉民。細細體會，更還有那永不褪色的生命體悟。芒合寨的鄉民給了我們一畝菜地，緊靠在大河邊。種下的番茄、辣椒、玉米、扁豆、茄子，從嬌弱的幼苗，到碧綠的枝葉，最後結下沉甸甸的果實。當我吃下第一口自己種出來的番茄時，喜悅盈滿身心。那一刻我深切地體會到，自己種出來的果實最香甜，其他一切都顯得虛浮。也就在那個時刻，我明白了幸福與快樂不是一回事：快樂是輕鬆欣喜，實現心之所欲；而幸福，那是一路艱辛的奮鬥，是生命的展開，是一步一步地活過。唯有勞動者，才能打開幸福的內核，播撒未來的種子。這信念樸素而簡單，但在現代生活無時無刻不經受著衝擊，滾滾歷史八面來

風，如何在紛紜中走自己的人生路？追昔撫今，所有的心緒，都可以追溯到在高黎貢山的勞動中。

8 年前，我和幾位上海的友人一起去到芒合寨，站在波浪飛動的大河邊，眺望大山的雲聚雲散。一位朋友忽然對我說：今天來到這裡，才真正了解你，才知道你熱愛什麼樣的生活。

那一刻我被深深地感動，滿眼都盛開著山茶花。

在這本小書出版之際，我願與讀者分享這樣的回憶。人生行萬里路，讀萬卷書，迢迢無盡，而美麗的高黎貢山，是所有這一切的真正起點。

談自我

年輕人擁有未來。

如何衡量自我價值？其實很簡單：每天都反思一下自己，看看在知識上有沒有增加？文化視野的廣度有沒有擴大？情感的含量有沒有更加豐富？行動性有沒有增強？

在失去坐標的轉型時代，青年人如何定位自我

　　當今的青年正處於這樣一個歷史階段：前面走過的工業化道路，實際上是比較容易的，因為有可參照、借鑑的東西，真正的困難還在後面；往後的社會發展是文明的多元、文化的多元、生存的多樣性，是精神、心靈、文化方面的再發展，而不僅僅是物質。物質發展相對確定後，就要思考自我和自我價值、思考人的精神追求，而人的精神價值在哪裡，這個答案很難尋找。

　　人的自我問題，涉及多個層面。一個是本然的自我，即自然人，一路成長過來形成的自我，是以往你所有選擇的結果，具有實在性。另一個是想像中的自我，即自己覺得自己是什麼樣的人。想像會衍生各種問題，比如有的人有自卑感，有的人有討好型人格，有的人覺得自己不完美……原生家庭的挫敗感、階層之間的差距感等，都會影響個人對自我的想像。人對自己的想像各不相同，想像的自我跟本然的自我，兩者是不一致的。因為想像的自我經過了自我意識的洗禮，又經過了變形折射而來，不可能是本真的。還有一個是理想中的自我，即自己覺得理想中的自我應該是什麼樣子，這跟想像中的自我往往也很不相同。

　　所以在了解自己這個問題上，首先要了解本然的自我。這個自我需要經歷長時間的摸索、覺醒、探索。人生需要孤獨，在孤獨中沉澱自己。在福克納的小說《聲音與憤怒》中，南北戰爭之後，南方莊園文化衰落了，南方貴族、莊園主萌生了一種很強的沒落感、破碎感。昆汀在哈佛大學唸書，他變得敏感起來，跟時空的關係一下子緊張了。時鐘「嗒嗒嗒嗒」的聲音讓他感覺時間在快速消逝，對他來說時間成為一種非常絕望的東西，

最後他把鐘錶砸掉，但依舊停止不了時間。

　　人面對這個世界，需要自我衡量。對這個世界，本然的自我到底自然不自然？時空是一個很大的問題，每個人在時空中所處的位置是不一樣的。昆汀最後綁鐵跳水自殺了，他本然的自我是一個很優秀的哈佛大學學生，自身懷有一種使命感，對南方傳統文化很虔誠。他比一般人更有思想，更有反思性。但在對自己的想像裡，他覺得自己要承擔拯救、維護南方文化價值的重任，所以當他得知妹妹跟一個浪蕩子有了私生子之後，他覺得這不僅僅是私生子問題，而是整個貴族的榮耀、尊嚴都被擊破了。為了不讓這件事情被外部的勢力粉碎性地侵入，他回到家對爸爸說，事情的真相是他跟妹妹亂倫。如此一來，家醜不再是外部矛盾的問題，而是一種對自我的維護。父親歷經滄桑，一眼看出大兒子絕望的努力，冷冷地看著他。昆汀知道自己的話被父親一眼看穿，最後他的精神也破滅了。

　　一個人若要照亮自己、發現自己，一定要知道自己在社會和歷史舞臺上處於什麼位置，而不是做一個漫無目的的自然人。現在很多人看不清自我，就是不知道自己身為一個社會人、文化人到底處在一個怎樣的位置上，有什麼樣的價值。尤其是在我們今天的轉型社會，參照的坐標都失去了，人更不知道該以什麼為依據。現在很多人靠參照人群來了解自己，在一個小環境裡去比較，看自己時缺少歷史維度、社會維度，這樣一種狀態對真正地了解自己有很大的阻礙。

　　從另一個角度來說，這也是當代年輕人的幸運，因為歷史上人的自我角色太確定了。在一個家族中，我是老大，我要承擔主要的責任；我是老二，我是老三，我是男孩，我是女孩……每個人的位置都被幾千年的傳統思想所固定，衡量自己人生的標準很簡單。這種價值維度是一元的，非常清晰。

在全球化的今天，價值觀多元，與以往確定的衡量標準不一樣，個人的判斷選擇很困難。在這個多元體系裡，年輕人好像是要追求人生自由，覺得「在追求的路上」滿好的，但是「在追求的路上」，漸漸變得對社會只有反叛，自我價值到底在哪裡，他們其實並不清楚。如果身在體制內，在一個規矩裡，在一個比較確定的軌道裡，年輕人又覺得世界那麼大，自己還沒有出去看看，好像活得不太自由，沒有釋放出生命的探索性。

人類發展到今天，年輕人一定要明白一點，我們是站在巨人的肩膀上發展的。英國工業革命時期，人類在農業社會有限的經驗上，改良蒸汽機、開採煤礦；後來美國進行新科技革命、發展網路化的時候，我們是站在工業革命的成果之上，讓經濟帶有知識、網路和資訊化元素；1990 年代之後，整個人類已經經過三次工業革命，現在正處於第四次工業革命階段，站在這樣一個歷史維度裡，在這個過程中，自我不是空的，不是抽象的，隨著歷史不同、社會不同而具象、變化，自我的價值、自我的可能性都不一樣。

所以年輕人了解自己的時候，要有這樣一個認知：在歷史上，人類有遊牧民族的屬性，又有海洋民族的屬性，還有農業民族定居耕作的屬性，自己到底是哪一種文明屬性？

今天的年輕人，往往自我分裂。他們的生存方式、勞動方式是農業民族定居式的，要風調雨順，具有因果邏輯的直接性，延續的是農業民族種瓜得瓜、種豆得豆的傳統思維；但現在勢態下的我們又有很多遊牧民族的特點，需要我們「逐水草而居」，像找工作，大都有這個特點；全球化階段，我們又有海洋民族的特點，必須去探索、開拓，去乘風破浪。

當代青年需要在這三種文明屬性裡進行價值重構，可是應該重構什麼呢？

　　社會面向全球的時候，我們需要海洋文明的精神推動它；持續做週期性的事情時，要分時段，要播種、收穫，需要堅持農業文明的開墾性和持久性；而要探尋生活的自由感時，又需要遊牧民族的特質來發揮作用。

　　我們今天的麻煩就在這裡，自我已經失去了坐標，很難用一元的標準來衡量。今天的人，時代留給他們思考和沉澱的時間太短，而社會形態又太複雜，自我認知很難建構。在這麼複雜的時代，要整合各個維度的東西非常不易，一般要幾百年的過程，正是「路漫漫其修遠兮」。

如何接納不完美且獨一無二的自己

　　如何接納不完美且獨一無二的自己？這一代青年，如果現在不思考這些事情，越往後走，就越難。青年們要意識到，自己是新一代人。農業社會的傳統要求完美，像電影《花樣年華》中華麗的旗袍，很美，很好。但華麗是一種束縛，為了維持美，人渾身被包得嚴嚴的，內心的情感釋放不出來。美，是已經成熟的文化，是之前的文明形成的一系列標準。而新一代人往前走的時候，橫衝直撞，必然不完美，必然充滿缺失，必然是凌厲又粗糙。如果這個時代追求固有的完美，很大程度上是一種對自我的強力修剪。

　　日本作家谷崎潤一郎寫的《細雪》，在這方面描寫得非常好。《細雪》的主角是出身名門望族的四姐妹。四姐妹中，老三追求完美，她是英文系畢業，想像傳統的女性一樣，不工作，在家裡穿著和服插花，另一方面她又想相親，找到自己愛的人，然而魚與熊掌不可兼得。時代在變化，年輕人都在尋求一種新的生活型態，職業化程度也越來越高。老四不一樣，她打破了三個姐姐的模式，自食其力，前後有三個男友，與第一個男友私奔，以懷孕為理由迫使家庭同意她與第三個男友結婚。老三看著她，滿臉滄桑。但是老四代表新的年輕一代，自己走向社會，雖不完美，卻最有力量地生活著。

　　完美主義其實是最大的陷阱，它的標準、價值都是從古老的模式裡建構出來的，新一代無所倚靠，要想突破必得經過一番歷練。

　　青年必須要了解自我，不能坐在家裡，坐井觀天，而是需要在不完美的探索中認識自己，有痛苦，有歡樂，於痛苦中發現自己活著，於歡樂中

發現自己還很平庸,在這個過程中,才逐漸知道自己熱愛什麼樣的生活,跟什麼樣的世界連繫在一起。這就是所謂青春的激情。

像畢卡索、莫內這些人在繪畫上進行的新的嘗試,打破傳統老套的規制,富有激情地野蠻生長,他們「離經叛道」的方式一開始都很不被世人接受。人只有受到阻力時,才能觸動自己,反思自己的生命是否真實。一個人一旦透過這種野性的方式觸動自己,心裡便會一片透亮,感覺很有價值感、幸福感,而人一旦體會到這種感覺,就不肯放棄了。這種愉悅一定是在路上探索時才能體會的。

人這種社會動物，如何堅定自己

現在很多人普遍有一種外貌焦慮，女性更為明顯。

從進化論角度來說，人是以自然人為基礎的，我們潛意識裡，有自然的本能。動物大部分的生存法則是雌性把雄性趕出去。我們的社會規則卻是把女性「趕出去」，所以女性的漂泊感、不安全感、無依無靠感很強烈。而美麗、好看對男性有很大的吸引力，女性讓男性審美愉快，可以獲得經濟、身分上的安全感。這點全球都有一致性。美是各式各樣的，但人對美的感覺，有一種天然的反應。有的人長得很協調、均衡，就會有一種天然優勢。

在社會文化裡，存在一種慕強心理，即心理學中的強者認同。女性的慕強心理更為明顯，慕強心理的表現是不把自己當強者。在傳統社會，女性都是被納入男性的生活安排，沒有自己獨立的文化系統和價值。今天很多女性的自我價值根基、內在的自我確認還是一個大問題。

女性跟男性這個群體總體而言有兩種關係：一種是把自己交出去，換得保護和安全；還有一種是獨立，不做交易，此時所有的人生風險由自己承擔。傳統社會中大多數女性是選擇做交易，換取在男性呵護、保護下的安全性。

一個人就像一棵樹，只有自己根基堅實，才有面對風雨的能力；如果自己不是自然生長並具有飽滿生命力的話，就會特別脆弱。

這個問題的關鍵，不在於哪一種選擇，而在於內在的成長，人要在這個世界上找到自己生命的起點。在社會化的生活流程裡，25歲的女性正處於成長黃金期，這個時候職場壓力、婚姻壓力兩座大山一起壓下來，自然

不堪重負，而男性相對而言只有職場壓力，或者說婚育壓力沒有女性那樣緊迫。所以女生或被動或主動忙著到處相親，男生則到處開闊視野，學習新東西，就在這個階段，差距一下子拉開了。差距一旦被拉開，落後者就容易沒自信，就內在而言更容易缺乏對自己的價值確認。

很多女性有很好的價值觀、世界觀、人生觀，但問題是社會剝奪了她的價值觀，價值觀要在自己創造性的、專業化的職場中才能凸顯，而社會歌頌的美好女性都是賢妻良母，相夫教子，都是付出型。女性付出以後，自己的生活品質，話語權都在別人手裡了，命運不受自己掌控。這是我們今天時代轉型要面臨的重大考驗。

現代社會，男性的壓力也很多。一方面他們事業發展壓力很大，不甘心只為別人工作，只拿一份薪水；另一方面他們還希望實現自己的價值，有自己內心的熱愛。如果對美好生活的物質追求與內心的精神嚮往能結合在一起，那就太好了，但現實情況是很難。

身為男性，傳統價值觀賦予的責任是養家餬口、工作、買房等。世界發展越來越多元化，男性本來就有獵人的本性，他們想去闖蕩奮鬥，豐富自己的生活，但實際上又被拴在必須苦拚的工作裡，自然覺得自己是個「打工仔」、「社畜」。

對年輕人來說，最大的問題是，心之所願和身之所往，兩者不相同。比如，很多人都嚮往遊歷的生活狀態，但又無法出門。今天交通如此發達，去遠方是很容易的事，但是有自由之心卻沒有自由時間，這是讓人最難受的。若時間不自由，則追尋無意義。

任何一個時代，成家都需要經濟能力。以上海為例，上海現在有2,400多萬常住人口，約有1,000萬人租房子住，租住也是一種生活方式。但大部分人還是很受傳統思想的影響，認為成家要有房。據調查顯示，中

國年輕人在全球擁有第一間房子的人中是年齡最低的，約 33 歲，遠低於世界其他國家首次購屋者的年齡。英國大學生畢業後都是租房子，等到工作將財富累積到一定程度，再貸款買房，一開始先買小一點的房子，過兩年收入提高了，再換大一點的房子。

中國年輕人首次購屋年齡較低，卻產生了一個問題，因為是全家老小替他買房，不然以自己剛畢業的經濟能力絕對難以負擔一間房子的價格。而中國男性被包圍在三代人的財富供給裡，從心理上就想要對得起他們，也因此承擔了很多責任，有了很大的壓力。

有一次我在濟南搭計程車，司機說他載過一個年輕人。這個男生學業成績非常好，考上了清華大學，又考上中科院的博士，家裡在濟南有 3 間房子，加起來有幾百平方公尺。後來他咬牙去北京發展，把濟南的房子全賣掉，在北京買了一間 7、80 平方公尺的小房子，後來父母過去幫忙帶孩子，一家人擠在那個小房子裡，生活空間很狹窄，也真真切切地感受到了城市居大不易。

想要建立自己的獨門獨院，這種社會生活構想是農業化的。這時候對上面提到的男生來說，關鍵是看他對未來的希望。如果他一輩子都是在應付生活，被生活追著壓著，所有資源都投到房子裡，沒有其他生活空間，人生就會出現難題。

今天的價值體系正在轉型，人會尋求物質、精神的雙面實現，而時代給予的條件不能完全達到，男生就處在被兩面夾攻的狀態。他們一方面想傳宗接代，期待有一間自己的房子，自立門戶；另一方面，他們又感覺被房子這類物質需求壓得喘不過氣，心裡還有另外一種期待，希望生活更加自由。

如何衡量自我價值？其實很簡單：每天都反思一下自己，看看在知識

上有沒有增加？文化視野的廣度有沒有擴大？情感的含量有沒有更加豐富？行動性有沒有增強？

年輕人擁有未來。

談工作

　　人要先把一件事情做到徹底，做到專業領域裡最好的狀態，然後這時候才能說你到底愛不愛它，才能說你到底真正適合去做什麼。

　　一份工作到底適不適合自己，要經過非常艱苦的跋涉，而這個過程你不能抱怨，這個探索也是自我生命的一部分，如果盡心努力到最後還是不喜歡，那時你才能真正說「我的生命不屬於這個地方」。但是你在這個過程中累積下來的意志，那就是獲得，然後你可以重新探索、重新出發。

工作很苦，不喜歡，怎麼辦

曾經有年輕朋友問我，一份自己喜歡但錢不多的工作和一份自己不喜歡但錢多的工作，怎麼選？

這確實是一個難題。

但我要說的是，年輕人以為自己對某份工作很喜歡，這個喜歡實際帶有虛幻性，它受成長過程中的所看、所感影響。我們需要思考的是，這份工作是不是你本性裡真正喜歡且願意投入的事情呢？

年輕人要將自己的喜歡變成真實的行動，那就是去工作。對一種事物到底喜不喜歡，我們不能僅在表面判斷，還必須經歷對它專業化的深入了解，投入專業分工的工作深度裡去。一種事物窮極到深處就會有自由，就會昇華到藝術層面的享受。達文西畫雞蛋的故事廣為流傳，據說他曾在不同光線、不同角度下畫，畫了很多年。這個基礎階段是很苦的，但苦過那個階段，你覺不覺得快樂呢？你會不會由此喜歡上觀察人，喜歡上觀察這個世界？如果那個時候不喜歡，就說明自己當初聲稱的喜歡並不是由衷地喜歡。

現代社會都是高度分工的，一個人到底愛不愛自己的工作，在正規的職場活動中能不能獲得自由，獲得一種生活的藝術性，這需要一個非常艱巨的探索過程。你自己的特性天賦，對世界的感知，它能不能融合到你的工作裡來，能不能讓你在工作裡獲得一種真正的愉悅，首先是需要你將工作做到一定的深度後，才會體會到工作的魅力。

一份工作到底適不適合自己，要經過非常艱苦的跋涉，而這個過程你不能抱怨，這個探索也是自我生命的一部分，如果盡心努力到最後還是不

喜歡，那時你才能真正說「我的生命不屬於這個地方」。但是你在這個過程中累積下來的意志，那就是獲得，然後你可以重新探索、重新出發。

李奧納德‧伯恩斯坦（Leonard Bernstein）是享譽世界的指揮家。晚年他總結自己一輩子過得不幸福，因為他從小的夢想是作曲，結果做了一輩子指揮家。這一輩子都不是做自己最喜歡的事情，但是他成為了一名很偉大的指揮家，這說明什麼呢？有可能他對自己喜歡的定義判斷失誤，我們很難相信做指揮家這件事他一直不喜歡，但一直做了一輩子，而且取得了那麼大的成就。

政治家邱吉爾，在二戰中領導英國人民奮勇抗戰，歷盡艱辛。二戰結束，他在大選中落選。戰爭結束了，國家卻不需要他了，他很落寞，感覺失去價值感。他覺得英國人民真是忘恩負義，心中一團怒火。他被迫離開倫敦海軍部，搬去鄉下。一個週末，他遇見了弟妹谷尼在畫水彩畫。谷尼勸說邱吉爾試著畫一畫，結果從未接觸過繪畫的邱吉爾一下子就被繪畫迷住了，後來這個愛好陪伴了他一生，讓他多多少少接受了自己已經黯淡的政治前途。

人生就是這樣一個持續尋找、持續探索的過程。年輕人在追尋的過程中，必然要付出很多，苦不是要迴避的東西。有的人覺得這份工作很苦，所以不喜歡，這樣就錯了，沒有任何工作是不經過一番辛苦就能易取易得的。不經一番寒徹骨，怎得梅花撲鼻香？不能因為一開始艱苦就退避。生活從不輕鬆，苦的過程是每個人都不可迴避的。

佛教裡面四聖諦中的一個就是苦諦，苦諦形容人必須經歷的各種苦。每一代人有每一代人的苦。我們不要以為自己的苦是額外的，苦的意義在於價值，關鍵是要找到價值所在，而不單純是苦不苦的問題。我們所追求的幸福感是生命有投入才會獲得的，這種投入就是價值感。

進一步來說，是否喜歡一份工作，你要明白一個關鍵問題：做這件事情，這輩子會跟什麼樣的人在一起。工作不僅僅是一份工作那麼簡單，生命須臾，跟什麼樣的人一起度過這些歲月，這是最有價值的。

唐僧師徒四人去取經，一路上打打鬧鬧，有分歧也有團結，最後八十一難過去了，彼此才知道大家共同經歷了這麼好的歲月。這種一起奮鬥的情感最珍貴。

還有文學史上的費茲傑羅和海明威，文學把兩個人連繫在一起，二人互相慨嘆，互相心疼。海明威百思不得其解費茲傑羅怎麼娶了那樣一個老婆，太影響費茲傑羅的文學創作了。後來海明威寫《雪山盟》，書中寫到作家在非洲肯亞的最後時光：他腿上生毒瘡生命垂危，彌留之際回想自己一生，好像荒廢無用，本來是個好作家，結果卻和妻子成為怨偶。這個情節描寫，海明威就是在寫費茲傑羅，甚至書稿最初就是用費茲傑羅的真名，只不過後來費茲傑羅的家人、後裔極力反對，才改成另一個名字。海明威能這樣寫，恰恰說明他們二人不是表面情誼。因為有更深的友誼，他才會抱著這樣一個心情，以這樣的筆觸寫一個作家。

做任何工作，你歷經千辛萬苦，最後讓你不放棄的，實際上還是人，當然這工作首先是你自己喜歡的。和對的人一起做對的事，這可以作為一個衡量標準。但現在很多年輕人選擇工作，首選薪資高，其實方向都走錯了。

「摸魚」可恥？如何做一個理直氣壯的打工仔

　　年輕人所說的「摸魚」、「社畜」、「打工仔」，其實是一種自我表達方式。我們沒有產生像美國 1960 年代那樣大規模的嬉皮運動來供年輕人表達，但是他們的社會情感又需要釋放，所以透過這種方式自我重生。在原來的價值體系裡，年輕人對自己的工作、生活都不滿意，只有透過這種方式來表達自己與它們的距離，並透過自我調侃的方式，表達對改變目前生活方式、生活細節、工作方式等的急切欲望。

　　這一代年輕人所處的社會，轉型剛緩慢起步。起步階段，一個人在社會大環境裡，應該有怎樣的定位，有什麼樣的價值？現在年輕人表達、關注的，不是衣食住行等表層的物質問題，他們不再滿足於簡單的生存，而是對自己到底是一個什麼樣的人、在這個世界上應該做什麼的深度思考。當投石問路無果，他們就用這種方式獲得一個自我反思的途徑。

　　這些話語不是新詞，而是一種無可奈何的表達，是他們對自己的文化屬性、工作屬性發出的疑問。「佛系」、「摸魚」、「打工仔」這些流行語看似反映出他們對工作不積極，但其實他們的人生態度並不消極。

　　這些流行語的傳播還隱含了代際的問題，上一代人對當代青年人失去了示範性，日本也曾有過這樣的歷史境遇。1960、70 年代的日本年輕人是奮鬥的一代，他們工作非常勤奮，後來到了 1990 年代，這批人升到中階主管，也習慣於晚上 9、10 點還不離開辦公室，但底下的年輕人難辦了，主管不走，大家也不好走。代際之間的節奏很不一樣，上一代人的示範下一代人根本不想接受，但又礙於面子不得不跟著，自然要「摸魚」。

　　上一代人勤奮，他們勤奮的價值是確定的。現在這一代年輕人卻不以

這個為主要考量了，他們陷入了價值斷裂，前人的模式不可遵循，這一代年輕人要自己去摸索，但哪有那麼簡單。

日本有個廣告，一個霸道總裁掌握著偌大一個公司，大家對他畢恭畢敬，他在公司威風八面的時候，忽然看見一個年輕女孩走進來，頓時吃驚，表現出對她很畏懼的樣子，畢恭畢敬地幫她拿包包。辦公室裡的員工看到這一幕都驚呆了，覺得簡直是魔幻景象。原來霸道總裁在遊戲室裡打遊戲，遇到這個年輕女孩，在遊戲裡女孩把他打得落花流水。你看，換了個領域，人的身分一下子倒置了。

場景置換也是時代置換，所以要相信年輕人，如果不摸魚就慘了，表示他被制式化了。他有這個狀態，說明他還在思考，在摸魚中探索，還算是清醒的人、有真正生命的人。

19 世紀工業革命之後，人們好不容易才爭取到 8 小時工作制。年輕人在 8 小時之外，他的生命應該去欣賞藝術、談戀愛，如果這些時間被侵占了，等於讓他喪失了生命旅程真正的完整性，這是很殘酷的事情，於道義上也是很不應該的。

但這也不是資本本身的選擇。19 世紀的時候，世界還有大量的空白之地，資本家還可以去建立殖民地，因為有很多搶來的錢，所以不用過於剝削本國人民，「客觀」上改善了本國勞動階級的生活。比如英國，1830 ～ 1880 年，英國工人的生活水準大幅提高，這是因為資本家們在印度、非洲取得一些超額利潤，這時候可以實現 8 小時工作制，取得國內階級之間的平衡。

今天的時代大不一樣了，基於領土的全球擴張已經完成，國家之間文明衝突不斷，歸根到底是利益衝突、資源衝突。

越是過小日子的人，越沒有很強的奮鬥精神。社會進步的動力還是在

那些不甘心的人、創業者，有創新精神的大公司上。他們都有很強的主動精神、創業精神、奮鬥精神，正好符合時代發展的要求。

這麼一來就產生了一個問題，60後、70後的奮鬥觀念，跟後面崛起的95後、00後這一代人，差距非常大。

我曾問過一些公司老闆，你公司的年輕人要不要加班，老闆回答得很乾脆：年輕人不加班是要自取滅亡。對老闆這一代人而言，他們的想法絕對是必須要奮鬥，但是他們不知道現在年輕人的生活理念、生命態度在變化，工作之外還有更高的價值。人有完整性、全面性的要求，人一定要有自己的自由時間。衡量人的解放，最最重要的指標就是人的自由時間。年輕人的自由時間沒了，藝術心情、空間渴望、情感權利也全沒了，創造性匱乏，老闆們這麼做無異於殺雞取卵。

我們需要活力滿滿的人，需要有創造力的人，但這些年輕人已經被社會機器壓榨得迷茫了，將來也沒什麼真正的活力。而調侃自己是「社畜」、「摸魚」的人，最後有可能發展成「局外人」，所以，有些事情我們要從長遠看。

社會現階段的發展成果是靠上一代人一起努力打拚出來的，而現在這一代人說不定也必須犧牲自己的生活品質，社會與自我，到底怎麼選擇？上一代人，他們的原創力其實還不夠，一個真正好的企業家、好的企業文化，是可以宣揚不加班的，關鍵要挖掘出企業的活力，如流程的合理化、高效的管理制度、優秀的激勵機制等各方面。企業要有這個眼光，使人在整個群體裡獲得尊嚴感，獲得一種價值感，人才會產生一種創造力量，才會優化、提升生產力。

生產力的根本說到底還是人的創造力、想像力。

面對想像的時候，我們從現有的技術和各種可能性裡獲得一個新的、

富有創新精神、富有科技性、富有知識支撐的可行性方案，關於公司微觀
經濟，跟社會廣義連繫有很多可以兌現的東西，比如人的內部調動、優化
等等。

　　優秀的企業家，要下這個功夫，而不是簡單地把人困在辦公室加班，
那只是簡單勞動的方式。

　　身為年輕人，大家要意識到，自己不是悄悄地、靜態地被動等待，你
跟老闆也是命運共同體。上一代的老闆，他們有自己時代的局限，而新的
一代，聚集了很多新的文化財富、社會知識等等。你覺得目前自己的生活
模式不好，要摸魚，但也要有基本的轉變思想的能力。年輕人不要總是感
性地說這不好那不好，而是要理性地好好想一想，什麼叫「好」，因為「不
好」是在「好」中比較出來的。你說加班不合理，但怎樣可以不加班，有
什麼樣的潛力可挖掘，有什麼更好的處理方式，哪些地方可以貫徹科技知
識，哪些地方可以改變，你要動腦筋找到更好的解決問題、難題的方法。

　　如果年輕人有這樣的態度，老闆也會很高興，你也在改變老闆，於是
雙方都獲得了成長，生命的寬度也就此展開。這是一個好的態度。喜歡思
考好在哪裡，怎麼才能做到好，年輕人一定要培養自己的思想與遠見。

　　年輕人最不好、最不能要的就是只抱怨但提不出建設性、成長性的方
案。抱怨和批評只能讓彼此負重前行，無益於彼此。真正的改變還是要靠
建設性建議，並且不是一個人的建設性建議，而是老闆和年輕人一起創
新。有些企業就提倡不加班文化，但業績也很不錯。

　　人類的活動主要是生活，歐洲的觀念是，工作 5 天是為了週末 2 天的
生活，把生活放在第一位。以人為本的生活，是符合人的生命本質的。
農業社會裡人整天沒日沒夜操勞，缺乏這種享受生活的觀念，全靠簡單
勞動。

全世界的不同國家、不同民族的生活方式是非常不一樣的。西班牙人覺得晒太陽是最高興的事情；國外很多商業場所 5 點關門，如果 5 點 01 分的時候來了一個大買家，人家也不理你，因為他們覺得休息是第一位的；在俄羅斯的大城市莫斯科、聖彼得堡，在蘇聯時代，國家為每戶人家在郊區用木頭蓋了鄉間別墅，一到週末，城裡不見人，大家通通跑去鄉下享受陽光。

一個群體聚集起來，不管是文化生產還是經濟生產，它是不同生活方式的人聚在一起，但如果把人限制在某一種活法中，那整個民族的細胞不會活躍，整個空間壓抑久了就會出現各種問題。

1980 年代的日本，是一流的經濟、四流的生活。當時日本 GDP 排名世界第二，但日本人覺得自己過度勞累，整天加班，人不像人。現在年輕人的狀態跟那時候的日本人有點像，經濟在發展，但自己的生活處於四流階段，所以他們會感嘆「太難了」、「上司太差了」，這會是一段很艱難的時期。這也是當代年輕人特別需要解壓的原因之一，他們崩潰、釋放，在崩潰和釋放的過程中成長、適應，這段路太陡峭了。

這一代年輕人處在生活、藝術多元化發展的時代，本來應該有正常的工作節奏，用晚上和週末的時間去豐富自我，但是面臨著產業快速發展的現實，不得不迎難而上，他們內心的焦慮、壓力是巨大的。在這種背景下，年輕男女也互相對彼此失望，因為對方不僅不能為自己提供紓解，反而會降低自己的生活品質。

這是一個特殊的年代，孕育著特殊的群體。很多問題迫使年輕人去解決，他們應該在解決時運用創新思維。社會的問題靠加班是解決不了的，一定要找出一些新的組織形式、生產方式、科技方法等，使生產力進入發

展的新階段。我們一定要了解自己正處於怎樣的歷史處境中，由此來理解
自己做出的每一個選擇。

我勞動，我幸福

身為一個年輕人，你要意識到這是一個前方有很多空白的時代，是一個歸零時代，它不像以前我們透過行萬里路即可獲得認知。在這個時代中，前路的各種生活都是未知的，因為現在整個社會的組織形態、個體形態都在不斷更新，科技、通訊、交通方式不斷在變化；我們獲取資訊、觀察世界的方式不斷在改變。世上存在各種未知、各種不確定，唯一確定的就是不確定。但不確定中存在未知和美，即不確定之美。

這時候，我對年輕人有兩個建議。

第一，要對世界保持好奇心。我們以前的經驗是透過代際間的傳承獲取的，是農業社會總結下來的，對未來有很高的預見性，現在這個轉型時代我們無法做出預判，所以這時候要像兒童一樣保持一顆對世界的好奇心，睜大眼睛，全神貫注地去體察一些東西。現在的年輕人在進入社會之前就是專心讀書，靠頭腦裡的知識增長去競爭，但是對心、對內在的熱愛這些社會感情的培養就比較單薄。所以，年輕人將來走入社會，其發展阻力主要來自對心的培育不夠，而不是知識不夠。

第二，要走出舒適區，在新的領域裡尋找人生的可能性。一個人在這個世界上，不能困在有限的空間裡，他的情感一定要放大，要走出現有的小世界去尋找新的可能。我們為生命建立一個新的標準，首先要培養自己對自然的感情。萬物有靈，萬物有情，你要體會到萬物各自的存在，感受它們開花、結果、站立、奔跑的生命過程。人只有具有廣泛的感情，才能不斷地打開心靈世界的寬度。今天很多人的自然感情喪失了，一路走來，大家都非常功利，人也就不自然。而活得不自然的人對這個世界的感情肯

定是扭曲的。其次是愛人類。具體而言，相較以前，人類已經有了多樣性的發展。我們不能因為某些人跟自己的價值觀不相契，就否定掉全世界那麼多豐富多樣的人的存在。我們畢生的追求應該是要在差異性裡獲得對世界的豐富認知。再者，要為這個世界創造、增添一點新東西。熱愛這個世界的多樣性之後，你會發現人生的使命不是被動地接受，而是再添加，與世界互相擴大延展。這是一個拼圖時代，沒有誰比誰高，自己認真生活，把體會到的事實分享給大家，同時也不要求所有人、事、物都符合自己的期待，這時候每個人才開始真正活得有尊嚴、有價值。一個人的價值是在差異性裡體現自己的創造性，這是年輕人需要去理解的部分。

我曾去雲南高黎貢山插隊，那裡一邊是大山，山頂常年被積雪覆蓋，一邊是怒江。高黎貢山被譽為「世界物種基因庫」，生態環境多樣，少數民族眾多，文化多樣，人的生活狀態自然也各不相同。我到了那裡，立刻就感受到了大自然的雄偉。人類再偉大也造不出大山大江來，所以人要敬畏自然，要抱著赤子之心去生活，而不是去追求一些虛榮、浮華、虛假的東西，那些東西是虛幻的，跟世界真正的本質不相合。這個感受對我的意義很大。

勞動對我的影響也很大。在高黎貢山，我第一次體會到挖地、種菜的真實意義。我第一次品嘗到自己親手種出的番茄的味道，因而印象深刻，那個味道特別香甜，比我吃過的所有東西都要香甜。很多人一生都沒有品嘗過這種滋味，那時候我才體悟到，人的生命有兩種，一種是快樂，一種是幸福，而幸福必然是投入勞動才能獲得的。後來我做很多事情，都時刻分析當下的感受是快樂，還是幸福。我爬過幾次黃山，之前都是坐纜車上去，很輕鬆，這種感覺是快樂的。但自從我真正從山體正面攀爬，爬了兩天爬上黃山，站在山頂上眺望雲霧時，我感覺到人的價值、人的力量。而

幸福就在這裡，幸福是人的力量、堅持和追求。

所以，到了城市，我不喜歡投機取巧的人。市場是變化不定的，很多人挖空心思不想付出，坐享其成。在勞動裡，我培養出了一個觀念：生活一定要跟勞動並存，只有能問心無愧地說「現在的生活就是我勞動所得」，才會感到踏實。

眾所周知，人類社會不是完全按照勞動分配存在的，聯合國 2021 年數據顯示，全世界殘疾人約占世界總人口的 14.3%，所以人類的勞動還需要撥出一部分去扶助那些人。這是我們生命的基本邏輯，但有的人想自己盡量多賺錢，活得很無情。從勞動裡可以引申出非常多的價值觀，這點對我的影響也非常大。這個世界有那麼多的問題，歸根究底是勞動的價值沒有得到尊重。一切工作都是以勞動者獲得自己的價值和尊嚴為前提，最基本的正義是讓全天下的勞動者獲得公正，獲得自己應該過的生活。

陶淵明歸隱的核心是「種豆南山下，草盛豆苗稀」，而非「採菊東籬下，悠然見南山」，那只是知識分子特有的一種情懷。人生最重要的是回歸土地，回歸耕耘。

有時候你幫助過一個人，他當時並不覺得感動，但是多年以後他懂得了，便會感恩。這就是你的勞動「成果」。勞動包含了一些很深的含義，比如你對他人的付出，對生活的耕耘。只有勞動，你才會有收穫，有收穫才能傳遞能量給別人。越不是靠勞動得來的，越捨不得給別人，這是一個最基本的問題。

關於斜槓青年

人的潛能是無窮的。

我們可以回想歐洲中世紀的情況，那時大家都是農民，日出而作日落而息，做著一樣的事情，比的是勤奮。後來工業革命分化出許多產業，產生了工程師、煤礦師、紡織師等職業。我們這個時代也在發展，如今正處於工業智慧化時代，50 年之後必將出現煥然一新的、效率數倍增的新分工。比如，在汽車產業，全球大汽車廠商基本上不再研發純汽油車，取而代之的是純電或油電車，並朝向智慧化方向發展。在不遠的將來，或許開車會成為違法行為，因為那時無人駕駛是最安全的，大數據和網路會讓汽車自主探測和控制距離、速度，選擇最佳路線，遵守各種規則，該停就停，該走就走，不會犯錯。

將來會有大量的新產業誕生，傳統產業的人力被淘汰。那麼，被淘汰的人力可以做什麼呢？社會可能會產生微娛樂，而各種新行業、新創意都需要人的參與。

在如今資訊全球化的環境下，一個人可能歸屬於不同的朋友圈、文化圈，疊合多種身分，再加上他本身具有大量潛能，所以會成為「斜槓青年」。誰能說每個人應該一步到位確定自己該做的事？最適合的、最能發揮一個人創造性的事情，應該是他的天賦在不斷嘗試新事物的過程中被發掘、深化，最終，他在一系列的事情中找到了自己的主業，也就是以「斜槓」的方式摸索到了自己想做的事。

所以，我認為「斜槓」實際上是一種探索方式。如今的年輕人，既要維生，又要保持生命的探索性，「斜槓」使之成為可能。歷史上很多人都

是這樣，布列松[1]最初和攝影毫無關聯，他在當兵時被連長大罵「懦弱」、「將來注定一事無成」，直到退伍後一位有錢的親戚送了他一架相機，他才開始拍下那些經典畫面，成為傑出的攝影師，找到了自己的位置。很多人一輩子都沒有移動到自己最恰當的位置上，因為缺乏面向這個廣闊世界的接觸和嘗試。

但是我們也要防止另一種情況的出現 —— 現在的世界太多元、太豐富，有的人一輩子在各種可能性之間奔跑，最後一事無成。索爾·貝婁所寫的《阿奇正傳》就講述了這樣的情況。主角奧吉·馬奇是一個很帥的流浪少年，每個人都喜歡他，希望把他帶入自己的家庭或行業裡，將他培養成才，但是奧吉·馬奇不願意接受別人的規訓，所以，每當他剛剛開始適應一個地方、喜歡這種生活的時候，他就會逃跑，因為他擔心自己融入這種生活。小說結尾處，奧吉·馬奇40多歲，他的過往始終在拒絕中度過，什麼也沒有找到，他陷入了「世界沒有價值」的虛空中，最終靠販賣軍火賺錢。

一個人在嘗試的過程中一定要有100%的真誠、100%的韌性，而不能淺嘗輒止。因為在沒有深入一定程度的時候，我們無法得知自己和一件事情的連繫。克拉瑪依油田被發現之後，中國到處勘測石油、天然氣，但是很多年沒有重大的突破。為什麼會這樣呢？因為一開始只探測到地下4,000多公尺的深度，理論上認為再往深處便不會有石油了。後來專家們改變了觀念，根據海相沉積理論，再往下探測到地下6,000多公尺的深度時，發現了很猛烈的氣源和油田。這說明之前鑽得不夠深。

所以，我們要學會探索。很多人認為自己探索、嘗試後仍一無所獲，

---

[1] 亨利·卡蒂埃-布列松，法國人，世界著名的人文攝影家，決定性瞬間理論的創立者與實踐者，被譽為「現代新聞攝影之父」。

其實是對一件事物還不夠熟悉、深入，缺乏磨練，這個磨練就像是水滴石穿的過程。我曾在哥倫比亞大學看攝影系的學生拍攝一塊石頭，他們天沒亮就去等候，等待第一縷微光下石頭的色彩和光影，等待太陽一點點升起來，再直到太陽下山，這期間光的變化是非常細膩的，他們就耐心地拍攝捕捉。所以，我們只有「貫穿」一件事情，不斷累積，達到一定階段、克服一定難度後，才能明白自己到底愛不愛它。

今天的年輕人在整個青春階段一定要有這種100%的努力，不斷探索自己和其他事物的關係。哪怕最終發現追求的這件事情並不是自己喜歡的，努力的過程也絕不會白費，那些在探索之路上形成的堅韌的品格、對事物的認知方法，以及精神力、專注力都會保留下來，當我們進行第二次探索時，就會擁有更大的力量。

我有一個朋友，他掌握了33門外語，其中有十幾門可以達到工作語言的程度，其餘的也可以熟練運用於閱讀中。他在學習前5、6門語言的時候表示很困難，但是困難時摸索到的方法，為後面的學習打下了非常好的基礎，觸類旁通，後面的語言學習起來便非常快了。

曾經的農業社會留下一個問題 —— 社會培養出來的基本上都是「業餘選手」，既能種地，又能餵牛、養豬，還能蓋房子，但是都不能達到精細的程度。而現在的社會越來越複雜，技術標準越來越專業，我們要探索的東西包含著深刻的專業知識，需要我們花費100%的力氣。比如，在建築方面，建築語言龐大、流派眾多，在上海，不僅有地中海建築、文藝復興建築、哥德式建築、巴洛克式建築等等，還有這些風格的變體，我們需要下很大的功夫去認識這些建築，明白每一種風格背後的歷史源流與現實需求，將自己滲透進各種建築文化中，最終才有資格判斷自己是否喜歡建築這件事情。

「斜槓青年」，也不可能「斜」很多，一個人身上「斜」5、60 種事情，那就麻煩了。作家王蒙曾在一篇文章中坦言自己一輩子最大的教訓就是興趣太多，沒有在一個地方深耕。

你看，即使是這樣優秀的人，也會認為如果再專注一些，或許能夠取得更大的成績。

談人格

　　今天，我們過得獨立而別樣，沒有一點原罪，現在的社會講求差異化，不再是以前統一化的社會，沒有任何外來的標準可以規定自己，把自己說成是一個好人。今天我們很難定義什麼是好，什麼是壞，這是一個需要新的起步、新的思考的時代。跳出原來固定的框架，然後去選擇你生活的方向，一切交給時間來回答，或許這樣我們才能在今天這個時代活出生命的豐富與多彩。

烏合之眾的社會規則

義大利作家卡爾維諾對現代生存狀況有一種非常誇張的、寓言式又富於反諷性的描寫。他有一篇短篇小說〈黑羊〉，就是這種風格的體現。在《聖經》裡，羊都是一群白色的羊羔，象徵著單純、向善，但卡爾維諾寫了一個黑羊的故事。一個老實人來到小城，發現城裡每家每戶都是賊，大家吃過晚飯後都出去偷東西，家裡不留人。大家偷了一圈，各自有收穫。老實人是個好人，他不願意去偷，就待在家裡。這讓上家鄰居偷不了了，只能空手而歸，可是他家卻慢慢被偷光了，越來越窮；而老實人的下家鄰居每天偷得滿載而歸，越來越富有。這樣城裡本來好好的秩序就亂了。後來老實人沒辦法，每到繁忙的偷盜時間，他就來到橋上，看看流水、看看書、聽聽音樂。小城裡有人覺得這也不錯，開始模仿他，享受藝術，但如果不偷自己家裡會變窮，於是開始僱人偷。後來社會貧富差距越來越大，產生很多矛盾，富人決定建立法庭、警察局等機構，社會組織架構就這樣形成了。但小城裡的人覺得老實人是壞人，是人民的公敵，把城市敗壞得亂七八糟。後來問題終於得到解決 —— 這個老實人因為被偷得太窮，餓死了。卡爾維諾看到，在社會裡，老實人是好人，但還是被大家認定為壞人。

現代社會，要照顧到人性的各種欲望。它不像古代社會單純化、聖賢化，見賢思齊。文藝復興以來的社會，承認人性是惡的，承認人的各種欲望。〈黑羊〉寫出的就是這樣一種困境。

在馬奎斯的《預知死亡紀事》這部小說裡，安赫拉結婚了，而且是嫁給一個外來者。外來者家庭很富有，父輩是高官。他來到這個小鎮，對安

赫拉一見傾心，而安赫拉是一個殺豬匠的女兒。新婚之夜，外來者發現一個問題：安赫拉不是處女。他當下把安赫拉遣送回家。按照當地社會習俗，安赫拉回到家後就要坦白：情夫是誰？這家人有責任，有神聖的義務把情夫殺掉。安赫拉回家後捨不得說出她的情郎，於是故意說了另一個人──納薩爾。納薩爾是鎮上最優秀、最高貴、最好的青年，大家都知道肯定不是他。安赫拉的兩個哥哥也不想殺納薩爾，但按傳統一定要殺，於是只好到處跟人說三個星期後要去殺納薩爾，希望有人能阻止。結果沒想到大家興奮得不得了，鎮上終於出現刺激的事情，每個人都眼巴巴地等著看。終於到了那一天，兩兄弟不得不出門了，提著刀，被迫去找納薩爾，鎮上的人都跟著去看熱鬧。納薩爾一開始怎麼也不相信這兩兄弟真的會來殺他，直到臨死的那一刻都不能相信，兩兄弟真的把他殺了。

小說寫得非常好，我們生活在夾縫裡，身上既有這種復仇的野蠻傳統，又接受了現代社會新的法律體系、新的倫理教化。這兩個殺人的人想讓大家阻止自己，但是在現代社會裡，人都處在一種搖擺中，個體聚集在一起就有看戲的心理。我們不能說人都變壞了，而是社會本身就有殘酷的一面。

在不同的歷史空間裡，好人變壞人，會有一種你意想不到的變化。但也有壞人變好人的典型，比如著名的基督教聖徒奧古斯丁。生活在西元 4 ～ 5 世紀的奧古斯丁，媽媽是虔誠的基督教徒，他小時候跟隨媽媽信奉基督教，但隨著他長大，19 歲時他開始信奉摩尼教。摩尼教鼓動人的釋放，他開始吃喝玩樂嫖賭，徹底放浪起來，變成一個非常沉淪、墮落的人，他媽媽急得天天在神像面前為他祈禱。奧古斯丁 33 歲的時候，有一天在花園裡散步，忽然間，他好像聽到了聖保羅的聲音，這時他拿出《聖經》，原來樸素的話一個字一個字打入他的內心。從這一刻起，他如獲新

生。第二天，他開始在義大利遊歷，看別人怎麼生活，看這個世界到底怎麼回事。1 年後，他回歸基督教，開始潛心研究教義，寫下了《懺悔錄》，成為對中世紀基督教影響深遠的神學家，成為最高級別的聖徒。

所以，一個善良的人和一個壞人，是可以變化的。

英國作家康拉德對人性的剖析極為犀利，其小說《吉姆爺》中的年輕主角吉姆決心做世界上最好的人，後來他當船員，立志即便出現危險，也願意捨棄生命去救落難的人。他第一次出海的時候，乘坐的船很大，分 3 層，越往上等級越高，他覺得底層的人生活得真是悲涼，下定決心要為他們做點事。沒想到船開出去不久，起火了，火勢蔓延，年輕人腦子裡知道要英勇救助、滅火，但行動上卻拿起救生圈跳海逃生了。後來船被救，法庭要審判這些棄船的船員。吉姆深深地自責，覺得自己是個罪人，內心深處埋藏了這麼怯懦、苟且的想法，如果沒有發生船難，他永遠覺得自己是個英雄。吉姆認罪了，並決心贖罪。他來到一個海島，島上有很多土著，殖民者對土著進行各種壓迫、驅趕，他投身到土著的隊伍裡，為他們謀利益，以此救贖自己。意外的是，有一群白人海盜來到島上，無惡不作，土著們把海盜圍堵起來。吉姆決定跟海盜談判，因為雙方一旦打起來，土著肯定要死傷很多人，吉姆代表土著跟海盜約定放他們走，從此化干戈為玉帛。但是令吉姆想不到的是，海盜離開的時候突然殺死了土著族長的兒子。土著覺得吉姆欺騙了他們，於是集體處死了吉姆。

人在波浪滔滔的人世中，有時候真的難以判斷自己做的究竟是好事還是壞事。後來康拉德寫了一部很重要的作品——《黑暗之心》。在這部書中，年輕人馬洛來到非洲剛果河，在那裡白人英雄庫爾茲建立了一個貿易站，貿易站肩負兩種功能：經濟功能和殖民功能。貿易站被管理得井井有條，每年從裡面運出很多珠寶，名聲很大。馬洛此行的目的是去替換庫爾

茲，因為庫爾茲的身體不好。他懷著崇敬和膜拜的心情出發，一路上沿著
剛果河往裡走，越是深入，詭異的氣氛越重，很多人談起庫爾茲都躲躲閃
閃。最終他見到了庫爾茲，此時馬洛才知道原來是那麼善良、紳士的庫爾
茲，來到這裡成為殖民者後，野性被釋放出來，變成了一個使用恐怖手段
治理殖民地、調動財富的野蠻人。庫爾茲獨自來到這個地方，才發覺自己
內心深處那種地獄般的存在。他見到馬洛之後，喃喃自語，一直說「ter-
rible（恐怖），terrible」，馬洛一開始沒懂，後來才知道這個世界上最恐怖
的地方就是人心深處。庫爾茲離開的時候，土著的仇恨爆發，用箭射他的
船，庫爾茲在船裡看到這幅場景，最後死在了路上。

一個好人該如何定義

　　人類從野蠻時代進化至今，內心深處殘存的原始性是非常可怕的，所以一個好人到底該怎麼定義？我們可以按照中國的傳統理論，王陽明的心學來探討。王陽明一開始遵從朱熹的理學思想，但後來他力求格物致知，幾天幾夜對著竹子，也沒格出東西。再後來王陽明龍場悟道，他忽然知道在這個世界上，理不是在外面，理在內心。他認為人心深處最根本的東西是良知，要致良知。就像孟子講的惻隱之心，看到幾個小孩在井邊玩，人為什麼會緊張？因為人心向善，有良知。王陽明看到生活中有很多人不善，因為他們的良知被遮蔽了，被現實的很多欲望、利益遮蔽了。人為什麼要去尋求理？就是要從內心深處去挖掘善。王陽明肯定了一點，這世上好人和壞人不是按照行動區分的，而是取決於內心的善惡，所以人生的任務是知行合一，致良知，挖掘出善念，然後去實踐。沒有實踐就等於無。所以，「好」有實踐性要求。在實踐裡，我們可以掌握一個好人和壞人的分界線。

　　現代社會的起點是文藝復興，文藝復興最大的要點，就是釋放了人的欲望。欲望釋放出來後，人性變得空前多樣化，去除了原罪，人因此變得很複雜。今天我們只能在人文主義的基礎上，只能在相對性裡判斷什麼是好人、什麼是壞人，換一個場景，對好壞的判斷可能就顛倒了。

　　現代社會對人好與壞的判斷標準很難界定。有的標準適合從國家角度考量，而不能從個人視角出發。例如俄國的彼得大帝看到國家的落後，硬把首都從莫斯科遷到聖彼得堡，帶領俄國學習西歐走工業化之路。彼得大帝帶著大臣們去歐洲考察，到了荷蘭看荷蘭人怎麼造船，到了英國看英國

人怎麼造機器，到了法國看到法國人拔牙居然還有麻藥、器具，他很感興趣，專門學了好幾天。據說他回俄國後處理政務的第一件事，就是讓所有大臣把嘴張開，為他們一顆顆地拔除壞牙。壞牙齒、麻藥終究有限，但他越拔越上癮，不用麻藥，好牙也拔，大臣們簡直是受刑。很多反對他改革的大臣，都被他抓起來砍頭，有時候劊子手一砍就是幾百人。彼得大帝坐在椅子上看著大臣被砍，居然感覺很過癮，自己竟親自拿起斧頭上陣。這麼一個殘暴、兇狠的人，在俄羅斯歷史上被全民族公認為最偉大的君主，他帶領俄國走向了現代，開始了俄國現代化的轉型之路。對民族來說，彼得大帝是一個大好人，他的所作所為是巨大的善行。

　　凱魯亞克寫的《在路上》，裡面那些人多麼荒誕，男男女女混居，性開放，不負責，但為什麼這本書是名著，成為宣揚青年文化的楷模？因為它瓦解了中產階級在二戰之後形成的牢不可破的守舊思想。它用一種反叛、一種非常強烈的衝擊力來使人們對價值進行反思。這些人是毀滅的一代，他們透過自己的毀滅，來宣告一個僵化社會是可以衝擊的。這就是韋伯所說的，近代社會從新教倫理開始，合理性地把整個世界效率化了。像流水線裡無限細化的分工，一個人只需做一個簡單的動作，不用再耗費精力去學習別的手藝，這樣的效率最高，但這樣實現標準化，導致的結果是每個人都成為單面人。農民還是全面的人，耕地、種菜、養豬、蓋房，流水線工人只有一個簡單的重複勞動。現代工業的發展，效率極大地提高，都是建立在對人力巨大壓縮的基礎上。這是歷史的進步，整個社會的生產力大大提升了，但是具體展現到每個微觀層面的人身上，又是極度地異化、卑屈。亞瑟‧米勒的戲劇《推銷員之死》反映的就是這樣的現實。一個人從事汽車銷售工作，他感覺很自豪，因為他是全美國最優秀的汽車推銷員。但到了晚年他才知道，自己完全是個工具，老了沒有價值就被踢出

去，成了棄子。

這是歷史的巨大悖論，我們處在這樣的悖論裡，到底如何尋求有價值的人生？一個好人的職責在於去尋求自由之路，而這在現階段又是一個特別大的難解之題。

在現代社會，如果出現了像彼得大帝一樣的人，以對民族巨大的善來推行惡，這樣一種凶暴的風格，到底是善還是惡，到底是好人還是壞人？

我們都知道一種藝術形式——塗鴉。它從俄羅斯開始流行，最初是一種破壞性很強的事物。在巴黎和倫敦，人們晚上偷偷潛入地鐵基地，塗滿所有地鐵車身，導致第二天出站的地鐵列車上全是五顏六色、稀奇古怪的塗鴉。倫敦政府每年要花上億英鎊清刷地鐵。但最後塗鴉變成一門藝術、一種個性表達，變成青年文化的標籤，後來發展到很多美術館要收藏青年人的塗鴉作品，但這些人堅絕不同意，他們寧願保持那種野性。

今天我們所謂的「壞」，可能是一種非常珍貴的差異文化，是一種亞文化、異文化，具有反叛性，所以有時候我們要能容納那些不一樣的東西，這是一個過程。

有一次我去同濟大學看崑曲演出，進校門後，對面走來一個非常清秀的女大學生，衣服色系樸素，舉止文雅，很有民國時代女學生的氣質，讓人不禁感慨，真是學子典範啊！然後在距離我不到三步路的地方，女學生突然掏出一根菸，點火抽起菸來。因為小時候我對抽菸女性形成的印象多是女特務之類，或是這樣那樣不好的類型，這個時候我就提醒自己「多元、多元、多元」，要抱著欣賞的態度看人。所以，你看，如果我們只用傳統的好人觀念來定義人，這在現代社會裡是非常不寬容的。

好人，是一棵會思想的蘆葦

在現代社會裡，好人可以有兩種定義。一種是自發的人，他們只活在自己的簡單性裡，無法理性地意識到自己所處的歷史位置，不知道在更深廣的邏輯裡自己具有的價值，他們看起來好像一輩子激情澎湃，能做很多事情，但實際上是愚昧的。我們很難相信一個好人是建立在愚昧的基礎上，有時候我們會忽略一點，以為樸素、單純就是好人，但是歷史上的驚心動魄往往就是這些人集合起來後做出的事情。第二種是黑格爾特別強調我們要做的思維的人 —— 一個有思考的人，能夠深切地理解自己，知道自己在做什麼的人。

黑格爾認為這個世界的本質規律是過程，一切都在變化。他的辯證法很有名，我們到底處在什麼樣的變化裡，你真正的所作所為會衍生什麼樣的變化，這需要我們深切地理解，但這又是高難度的東西，明白並做到其實很難。所以黑格爾提出了一個新的觀念 —— 荒誕。人想努力地做出理性的選擇，但歸根到底是荒誕的，是做不到的，但人不去選擇又不可能，因為人是自由的，人隨時隨地處在一個可選項裡。第二次世界大戰德國投降後，很多法國人開始報復之前嫁給德國人的女人，將她們剃頭，塗上墨汁遊街。沙特注意到了這個問題，那些人把自己撇清，以為自己是單純的，歸順的都是壞人，但沒想過自己當時應有的歷史承擔在哪裡。沙特知道人太缺乏這樣一種自我反思精神，因為當時人可以選擇抵抗，可以選擇戰鬥，也可以選擇歸順，從來沒有喪失任何一種可能性。沙特有一個定義：任何人都是自由的。所謂自由，是任何時候你都有多重選項，所以自由對每個人來說都是沉重的壓力，你無法辯解。

在英國小戲劇《一個善良的女人》裡，有個人叫吉拉爾德，22 歲，8 年前他做了一件事 —— 向一個叫菲菲的女人求婚。菲菲看著這個比自己小的男孩子向自己求婚，覺得他太可笑了，但又不忍心傷害他，於是她說，現在我們都太小，8 年以後再來找我吧！小男孩說好，然後告辭。8 年以後，菲菲這天要舉行婚禮了，她的丈夫叫吉姆斯，比她大 5、6 歲，正在準備婚禮的時候突然有人敲門，她開門一看是吉拉爾德，他如約而至。吉拉爾德想這一次菲菲可以答應他的求婚了，但菲菲一下子手足無措了。突然又有人敲門，是吉姆斯，菲菲趕緊把吉拉爾德藏在屏風後。吉姆斯一進門對著菲菲又親又抱，吉拉爾德氣得一下子蹦出來，指著吉姆斯喝斥：你幹什麼？！吉姆斯嚇了一大跳，家裡居然藏匿了一個男人，結果場面亂得一塌糊塗。菲菲的善良造成了這樣一種局面，後來雙方終於弄清楚了情況，正不知道該怎麼辦時，吉拉爾德突然笑了，說剛才我就是跟你們開了個玩笑，其實我知道你們今天要結婚，我是專門來祝賀你們的。這下子，似乎皆大歡喜了，吉姆斯還邀請吉拉爾德當伴郎，吉拉爾德也很高興地答應了。但其實吉拉爾德心裡很痛苦，他臨時編了這個藉口，看起來輕描淡寫，實際上他受到了深深的傷害，在等待的 8 年裡，他放棄了很多，又期盼了很多。

再比如在《挪威的森林》這部小說裡，初美很愛永澤。永澤出身優越，很能幹，但永澤一會兒跟這個女孩談情，一會兒又跟那個女孩說愛。初美那麼愛他，顯得永澤好像非常渣，非常花。初美不斷地包容他，對他好，但初美對他越好，永澤就越渣。所以我們感覺永澤實在是個大壞人。但實際上不是這樣，永澤是很有追求目標的，他要自由的青春，他要尋找自己生活的價值，但初美把他當作唯一，當作永生，初美的愛對永澤來說是巨大的壓力，他覺得可能要用自由來交換這份感情，他不能確定他跟初

美間的這份愛是不是根深蒂固的，所以他只好透過一種殘忍的方式去維護自己的自由。初美對永澤的包容反而變成了永澤的負罪，永澤只能不斷反抗，他表面上很荒誕，但實際上是個非常認真，同時又極度放蕩的人，各種特徵糾葛在一起。最後初美看不到希望，選擇離開永澤，跟另外一個人結婚。初美結婚兩年後割腕自殺，她心裡還是愛著永澤。永澤很殘忍，很壞，但在愛情裡，他用這種方式來維護他奉為圭臬的自由價值。所以我們很難單純地判斷一個人的好壞。

以無畏的精神去生活，是好人的生命素養

現代網路上常用好人、壞人、渣男、渣女來形容人，這其實是非常幼稚的。我們千萬不要用簡單的好人、壞人標準來看待這個世界，在不同的具體場景裡，我們要有自己的選擇、判斷，因為今天是開放的時代、過渡時代，一切都沒有依據。這就是世界的複雜性。好人的標準是我們自己的內心感覺是否幸福，另外一個標準是有沒有對別人造成大的傷害。

今天，我們過得獨立而別樣，沒有一點原罪，現在的社會講求差異化，不再是以前統一化的社會，沒有任何外來的標準可以規定自己，把自己說成是一個好人。今天我們很難定義什麼是好，什麼是壞，這是一個需要新的起步、新的思考的時代。跳出原來固定的框架，然後去選擇你生活的方向，一切交給時間來回答，或許這樣我們才能在今天這個時代活出生活的豐富與多彩。

今天這個轉型時代，一切都在開始，一切都沒有成熟，好人的基本特色就是人活得很迷茫，迷茫說明在思考，對生活有很多不解，產生了很多自我衝突。這個時代如果一個人確定自己是好人，那就是有問題；如果發現自己很複雜，對自己真正有一個自我探索的過程，那就太好了。我們從農業社會向工業社會再向後工業社會轉化，在一個疾速的過程裡，在不同空間、不同語境裡，它的好壞在不停地轉換，所以你在什麼空間裡，在什麼過程裡，這需要我們有廣泛閱讀、細緻觀察的累積。

我們經常浪費時間，每個人身上有太多的可能性，但很多人根本沒有用自己最好的資源來生活。我們經歷了那麼多種生活，經歷了那麼多辛酸苦辣，經歷了那麼多的選擇、放棄和堅持，應該對自己有基本的思考、判

斷，然後放棄原來 80% 的渴望，在最後的 20% 集中心力，去簡單而堅定地生活。一個人活到一定程度，才會知道世界上那麼多東西都跟自己無關。莊子說鼴鼠飲河不過滿腹，我們很多人就是隻小鼴鼠，整條大河都想擁有，其實一口大河水就飽腹了。你的生活在哪裡，你的生活之水在哪裡，想清楚後就非常堅定地去擁抱它，而不是東想西想、好高騖遠。當然，你也是能扶搖幾千里的鯤鵬，去探索自己的高度。這是一個探索的過程，有了探索才有生活的深度。很多人在時代轉型期沒有把自己的價值活出來。人的浪費，實在太可惜了。

如果一個女生 26 歲時已經交過 5 個男朋友，不要覺得這個女孩子品性不太好。有了 5 次戀愛，這個城市就活起來了。可能她第一個男朋友喜歡音樂，他們去了各種音樂廳欣賞音樂；第二個喜歡繪畫，他們又去了各種畫廊、畫展欣賞畫作；第三個喜歡攝影，這樣這個城市每個角落都有他們的記憶，都有他們感懷的部分，春夏秋冬都有充滿深情的東西。這個女孩子一點兒都不壞，她很好。評判好壞的標準是，分手之後她對前任是怎麼評價的，如果在她看來前任一文不值，那這個人確實很差勁，他們之間終究有美好的東西存在。我們今天的道德觀、生活觀、生命觀，各方面都在變化。一個人要有把自己當成試驗品的堅定信念，這樣你才有無畏的精神去生活，為社會做出貢獻，盡量成為一個好人。

談人格

躺平與幸福

打破一切權威，去熱愛真實的世界。

今天的年輕人，離自己嚮往的生活只有一步之遙，但是就這一步之遙跨不過去。他們內心裡累積了這麼多感受和願意去探索的東西，但是行動跟不上，暴風驟雨迎面而來的時候，就沒有那個勇氣。

躺平，是對生活有了新思考

最近在年輕人間非常流行「躺平」這個詞，從傳統意義上說，躺平是指有點受不了，想休息了。但在我們今天這個時代，它的含義是完全不同的。老一代人不會覺得累，1980 年代那些進城討生活的人，在流水線上工作，一聽說週末加班都高興得要跳起來，因為他們可以賺更多的錢了。

今天的年輕人想躺平，並不是怕苦。現在的人不再像農業社會時期只為了養家糊口，而是有了新的生活追求。人們將更多的時間用在了看電影、讀文學、聽音樂以及增加社會文化的交流上。巴黎的左岸，為什麼全世界都稱讚那個地方？因為那裡聚集了形形色色的咖啡館、書店，以及不勝枚舉的藝術家。

全世界 30 多個發達國家有一個共通規律 —— 只要人均 GDP 超過 2 萬美元，這個國家就再也不會倒退了。而人均 GDP 處於 1 萬到 2 萬美元之間時，蛋糕做大，誰分多少，這個階段的社會衝突最屬害。

為什麼人均 GDP 2 萬美元就好得多呢？因為這個時候中產階級大致形成了，他們的觀念，對生活的理解，對生活的追求，在這個過程中達成某種共識。在這個階段，社會中堅力量要完成從農業社會到現代社會的大轉變。所以「躺平」成了年輕人的一種新的追求，在新的理念之下，他們覺得自己的生活不太合理，需要停一停，然後想一想，我們的生活到底過得對不對。

跳出當下，眺望幸福

　　從哲學上看，古希臘哲學家柏拉圖的洞穴比喻非常好，一群人被鎖鏈拴著面向洞穴裡面，外面有火，火前面還走著些人，洞穴裡的人看到牆上的人影晃來晃去，覺得這就是世界，因為他們從小到大只看到這一種世界。後來有一個人掙脫鎖鏈走了出去，他才看到原來世界是這個樣子，洞口有一棵樹，樹下還有陽光。他現在有三個選擇：一個選擇是，回去告訴洞穴裡的人，他們之前完全弄錯了，真的世界在外面，但是那些人聽到後，可能會覺得這個傢伙把大家的生活打亂了，一群人過來要打死他；另一個選擇是，這個人看到了外面的世界，感到裡面的生活太悲慘，自己跑掉了，獨善其身；還有一個選擇是，他覺得接受一種全新的生活太難了，已經大半輩子都搞錯了，現在沒有力量去改變，自己適應了洞穴裡的那種生活，於是回去拴上鏈子，看著牆壁繼續生活。這三種選擇，前面一種是去啟蒙，中間一種是去獲得個人自由，後面一種是接受奴隸化。所以今天的年輕人要想一想：我們的下一步到底該怎麼走？

　　今天我們很多人考慮問題的方式還都是在現有的框架裡，比如考大學選科系，會考慮什麼職業最賺錢、什麼職業最熱門等等，而沒有看到未來我們的消費結構會怎麼轉變。未來我們的生活，跟現在是不一樣的，未來10年，社會需求會達到一個新的階段，會出現一些新的開銷，現在根本看不到。所以現在的年輕人如果只盯著現有的這些分工，那麼5年以後你就跟不上了，10年以後你就脫節了，所以未來10年會出現大量的「年輕的老人」。因為他們沒有準備 —— 面向未來的增長的準備。所以年輕人一定要活在10年之後，如果困在當下，就沒有前途。

　　這個時候，就需要年輕人對幸福、對什麼是價值產生眺望，啟動探索，這是當下年輕人特別需要的。

　　100年前，外國人照相機下的中國，破破爛爛，到處打著補丁。歷史上漢朝人是那麼豪放，有一種勇武之氣；唐朝則豐富多彩，即便在整個世界格局裡，也是那麼輝煌。長久以來，歷史積攢了那麼多的細節，衣食住行各方面，後來都消失了。為什麼呢？因為太窮了。西方是貴族制，長子繼承，只有大兒子可以分到遺產，其他人都分不到，所以一座城堡可以一代一代傳下來。中國古代是均分制，家族傳統維持不住，缺乏光輝的傳承，所以沒有貴族精神。這就導致一個問題 —— 在國家、民族文化裡，個人無法偉大。

　　寧夏有個貧困的縣城被聯合國認定為不適合人類居住之地，現在去看，那裡已經蓋起小平房，種大棚農作物，農民都說很幸福。當被問到還缺什麼時，當地人說還缺一個老婆。看到他們幸福，我們一方面要高興、欣慰，因為社會以往沒有達到過今天這樣的物質發展程度，但另一方面，我們應該要深刻一點，人不能沉浸於表面的快樂。我們走到這一步，歷經千難萬險，如果坎坷的經歷沒有衍化成我們的思想，那也是民族巨大的損失。

當代年輕人，需要哪些生命的探索

　　我很欣賞今天 90 後的獨立精神、自由精神、無所畏懼的探索精神。我認識一個 90 後研究生去單位三個月時遇到年終院長致詞，院長說，我今年的工作有很多缺點，希望你們多提意見。往年講到這裡，底下都是熱烈的掌聲，沒人提意見。這次沒想到這位 90 後站起來說，院長我提個意見，我看你上星期在電腦上規劃明年的考察行程，弄了三天都沒弄出來，這個交給我，一個上午就解決了。

　　現在的年輕人就是勇於表達自我。但是光有勇氣還不行，我們的年輕人還需要了解過去，需要連結自己的父輩。

　　如何連結自己的父母？我們能做的是趕緊訪問一下自己的爺爺奶奶、爸爸媽媽。有的人一輩子都不知道自己的爺爺奶奶經歷了什麼，爸爸媽媽小時候經歷了什麼，對自己的源頭不清楚。知曉過去而展望未來，這是一代又一代人的價值傳遞。

　　一個青年應該實踐化，多去看看，接觸不同民族的人，這樣你的感情才深刻。我們看李娟寫生活在阿勒泰的那些人，如果你沒去過那裡，你的感覺可能就比較有隔閡。今天我們很多人熱愛一項事物都是很間隔、抽象的，很多人內蒙古沒去過，雲南沒去過，西藏沒去過，新疆沒去過，那種愛總感覺缺乏一點內在的、真實的生氣。我們要建立起跟這片土地深度的感情，就要實地去感悟，這才是我們的力量來源。

　　歷史給予這代新青年最大的價值是，促使我們思考到底該怎樣釋放自己的青春、怎麼走過這一生。歐洲青年普遍流行一種生活方式 —— 間隔年。比如他們大學畢業後，會去澳大利亞做公益，或者做別的事情，進行

工作性漫遊，從而獲得一種自我認知，獲得一種與原來文化、生活方式不一樣的體驗認知。透過這樣的方式來思考，自己到底應該怎樣生活。農業社會是一個循環式的社會，沒有這個跨度，我們很多年輕人大學一畢業，馬上著手找工作，一輩子缺乏這麼一個過渡階段。

　　一個年輕人，首先要體會自己的迷惘。一戰之後，迷惘的一代出現了，海明威、費茲傑羅都有過迷惘的階段。我們今天的年輕人，太缺乏迷惘，太確定了，一步步都是傳統的步驟，上所好大學，找個好工作，多賺點錢，買間好房子，一切都是確定的，但這個東西太「農業社會」了。一個當代青年，面對這麼豐富的社會，如果不迷惘那就太膚淺了。如果一個畢業生徬徨、難過、想不通，那就對了，就怕他一清二楚。年輕人需要給自己一個思考、一個探索、一個疑問。海明威那一代，打碎一切，重新生活。《太陽依舊升起》這部作品裡寫心靈破碎受傷的青年去探尋新的生活，就是在迷惘中開拓的。這在當下特別需要年輕人有種硬漢精神，有堅強的生命力，這才能承擔得起迷惘。現在很多人害怕迷惘，期待風調雨順，期待農業社會種瓜得瓜、種豆得豆的生產規律，什麼都按照節氣來，沒有什麼意外，但這完全不符合我們接下來 10 年、20 年即將要發生巨大社會變遷的現實情況。我建議年輕人多看看《少年 Pi 的奇幻漂流》，Pi 與老虎相伴，要是沒有這隻老虎，茫茫大海，一片孤獨，這個年輕人早死了。一開始他想把老虎趕走，到後來才發現這隻老虎是他生命的支撐，與老虎的抗衡，幫他度過了人生最艱難、最危險的時刻。與老虎同行，這才是新時代青年應該有的精神。

　　年輕人還要學會承受孤獨。現代社會與農業社會相比最大的不同是，人是無限多元性的。人與人之間的相處不像農業社會都在家族社會裡，相互認識，不存在孤獨問題。但是今天的城市化、中產化發展使得我們的生

活都「在路上」。城市是由遷徙來的人所組成的陌生人社會，陌生人社會要求人一定要能承受孤獨。孤獨不是壞事情，孤獨本身是一個體會自我的過程，是一個不斷探索我們生命的過程。只有孤獨的人才有真正的交流能力，因為他有一個不斷沉澱的過程。

另外，年輕人還要勇於做一個充滿開拓性的人。這個世界有個規律，凡是開拓性的人都有點「醜陋」，凡是完美的人都是過去式。過去發展出的成熟的東西才是完美的，它有標準，比如怎麼化妝、怎麼穿著，都是過去的經驗。凡是要實現突破、做實驗的，需要試錯的，就顯得比較醜陋。有挑戰性的事物，有不確定性，不可能是完美的。你願意做一個不完美的人，但必須也是一個開拓新時代的人。所以，我們一定要強調多元性，對自己不習慣的東西，一定要能接納。一個人是活著的、複雜的，有各種生態。有一篇文章寫作家為什麼酗酒，因為半夜三更，夜深人靜，作家寫到後半夜越寫越孤獨，這時候想給自己來一點溫暖，往往就會喝點酒。一個人身上有一個優點，必然對應著一個缺點，這是一種自我的結構。

還有一點，我們今天的年輕人一定要深切地意識到自己的無知。處在這個歸零時代，前方沒有參考經驗，再有經驗的人，再有知識的人，也只是一個人而已。所以這個時代需要保持對世界的好奇，需要有對世界的巨大吸收力。

古希臘的蘇格拉底有個學生，他在神廟聽到有人問：誰是我們希臘最有智慧的人。神說蘇格拉底最有智慧。他回去跟老師說，神說你最有智慧。蘇格拉底聽了不相信，帶著學生到全希臘旅行了一年，最後回到雅典。蘇格拉底跟學生說：我終於發現我是整個希臘最有智慧的人。學生一聽，問：老師你怎麼知道的？蘇格拉底說：因為我遇到的每個人都覺得自己很有智慧，而整個希臘只有我一個人知道，我一無所知，所以我是最有

智慧的。

我一無所知，年輕人要保持這樣的自省。不要封閉，不要自以為是。歸零時代就是一個偉大的開鎖時代、偉大的學習時代。所以我們今天的年輕人要探索新的價值，要去打開一個新的世界，不能固守成見、故步自封，一定要像孩子一樣天真，向時代學習。

還有一點非常重要，就是要打破一切權威，去熱愛真實的世界。要向達文西這樣的藝術家學習，你看〈蒙娜麗莎〉這幅畫為什麼好？因為它的背景，沒有天使、聖徒，沒有神的光輝，只有大自然。推薦大家多讀一些歐洲 18 世紀啟蒙主義的書。那個時代的人為什麼要編百科全書？就是要讓大家知道這是一個怎樣的世界。以前的既定認知是這個世界是平的，多寬多長，上面是什麼，下面是什麼，這是一個虛幻的世界。今天我們的腦子裡有很多虛擬的東西，要去除裡面被神祕化的東西，一定要踏入真實的世界裡，這就需要我們行萬里路，讀萬卷書，熱愛土地，在地表上生活，而不是虛構地生活。

有些人旅行，到了目的地就是自拍留影，做的都是美食攻略，很可惜，這樣的人出去旅行等於沒旅行。怎麼達到認知真實世界，打開自己視界的目的？生活需要「品」，不是到處找自己喜歡的東西。西方葡萄酒文化中人們重視「品」，不是喜愛這個味道，而是透過「品」體味不同的味道。哪怕這味道我不喜歡，但仍值得仔細地品嘗它。生命就是一個「品」的過程，在「品」中我們才能不斷地成長，建立起自己跟這個世界真實的關係，而不是那麼狹窄的偏好。

最後，年輕人還要特別培養創造精神。未來的社會需要一種原創精神，突破現有的枷鎖，才能描繪一片幸福的藍圖。

以上這些，就是我們現在的年輕人躺平之後要思考探索的，未來我們

到底該以怎樣的方式度過一生？不是消極地躺平再躺平，而是生命中暗含一種積極的探索精神，大家躺了半天躺不住了，跳起來去做自己的事。

今天我們的年輕人依託的是民族文化，但最大的問題是自由不夠，對自己的自由認知不夠。我們的城市是陌生人社會，在都市裡不會被環境牽制，自由度高。但今天很多人，身體在都市裡，文化和精神還在鄉下，遇到事情時不敢做自己的選擇，都是要環境肯定、爸媽肯定、朋友肯定、同學肯定，而後才敢去做，以為天下人都盯著自己，自己嚇自己，邁不出去也就喪失了自由。很多人心裡都應該慚愧，因為一輩子沒有去過自己理想的生活。

今天我們身體和精神的距離，只有一步之遙。這是現今青年面對的最大問題。一旦想通，我們的社會將發生巨大的變化，精神面貌會非常不一樣。一個人既要年輕，又要有青春，但據我觀察很多人一輩子只年輕過，沒有青春過。青春的熱情和力量，青春的夢想和激情，都不曾感受。

年輕人面對未來，第一步可以躺平，躺平之後想一想，好好體會一下，接下來帶著勇氣與探索精神繼續前行。關鍵是要有行動力，去打開我們的自由。只要敢去嘗試，每個人都能做到。

我們每個人都要向著光，因為在黑暗裡只能看見黑暗，向著光，像向日葵一樣綻放出自己最強大的生命力，去過值得過的生活。

躺平與幸福

談女性文化

　　女性需要偉大的獨立精神，把「愛情」這個女性文學的傳統主題放到第二位，而把人生自由的創造性放到女性生存的中心。女性的生命高度不在於看過幾本書，也不是透過城市的生活幻境抵達，而是在遼闊的大地上實現。只有把自己的生命和自然世界，以及充滿樸素真情的人們連繫在一起，人才會精神歡喜。找到女性文化的根系，這是現代女性真正要解決的問題。

幾千年來的文化壓制與禁錮

我們社會文化的發展是非常多元的，尤其是女性文化這一支發展很快，近年來在社交媒體上討論熱度很高，但文化發展的整體結構就像一棵樹，生長的紋路、內在的思維體系架構、生命力等諸多方面其實和女性文化發達地區還有很大距離，為什麼呢？

回顧歷史可知，由物種進化開始，動物界就形成了一個基本格局，靈長目分兩性發展。體形大的動物，比如獅子、大象，都是母系社會，雌性的主宰系統很明確。我早年曾在四川西部考察，注意到當時的藏族聚居區仍保留母系社會形態。一個黑色犛牛皮編製的大帳篷旁邊 20 公尺左右的距離內，會有一個白色小帳篷，家庭裡沒出嫁的姑娘住在裡面，晚上會有不同的小夥子來這裡跟她幽會、居住，如果生了孩子，由舅舅來養。《中國國家地理》的記者去那裡採訪，有一位受訪女性有 8 個丈夫。歷史上中原地區農業社會形成一種婚姻定式：一夫一妻制度。那麼這位受採訪的女性，她為什麼能有 8 個丈夫呢？受訪女性生活的地區位於垂直的峽谷地帶，假使只有一個丈夫，他只能在家種地，一家人的生活水準很有限；如果有兩個的話，一個可以種地，一個可以在周邊做點買賣，就多了一種收入來源。其實，除了他們本地的傳統文化，更多的是經濟原因 —— 丈夫越多，生活越好。世界這麼大，我們不能以自我認知的定式去判斷、衡量別人活得好不好、對不對，生活並不只有一種標準。

歷史上女性地位不高，女性作為一種漂泊性別，到了一定時候，往往大多數都以出嫁的方式離開家庭。因為人類社會關係的進化，出於更好的管理需要，家庭中必須有一個性別的人離開，而離開的人 90% 都是女性。

女性離開原來的家庭，對於自己的血緣、原生土地而言，她是漂泊者；從人類學上來說，她是文化基因的遷徙者、交換者。所以她需要依附於一個男性家庭，一旦附屬於某人之後，她就要隱藏自己的容貌，所以很多地區都有習俗要求女性婚後戴上面紗，盡量減少她們的吸引力。女性就這樣被社會封閉起來。所以幾千年以來，女性在社會公共領域的累積嚴重不足。

面對這樣的社會現實，女性如何既可以建立良好的社會感情，又能擁有專業化能力和自由？以往的社會關係中女性被隔離在男人身後，透過男人跟世界連繫起來，所以這個男人就是她的世界。女性沒有或者說不被允許建立自己和世界直接、豐富的關係，這對現在的女性來說是一個巨大的發展障礙。這種現狀當然不是靠觀念的變革就可以改變的。傣族女性結婚前一天，服飾還很漂亮，結婚第二天，她穿戴的樣子給人的感覺是，一下跳過了少婦階段，進入了中年，「老」了 20 歲，頭上戴一個小煙囪一樣黑紗似的飾品，服裝的顏色也是暗色，這表明她已經屬於了一個男人，不能再對其他異性釋放自己的魅力。

為什麼印度很多女性會在丈夫去世後自焚？因為印度傳統文化中，在大家庭裡，女性的丈夫一旦去世，從此以後她便只能吃最差的食物，穿最破的衣服，以此表示自己對丈夫的無限懷念，表示自己完全摒棄了世俗的歡樂。而失去丈夫的女性一旦決定自焚，丈夫的家族通常都會覺得光榮。因為女性證明了自己是多麼愛自己的丈夫，鄉里鄉親也都覺得這個家族很了不起。這是對女性的禁錮，非常可怕。在中國舊社會時期的某些地方，女性一旦成了寡婦，會準備 500 個銅錢，到了晚上，她會把 500 個銅錢往地上一撒，然後在黑暗中把銅錢一個個找出來，一個不能少，這是項大工程，往往要進行到後半夜。每天摸每天找，銅錢磨得光亮。只要家裡來了客人，她先把這 500 個銅錢拿出來給大家看，表示她每天晚上都在找銅

錢，沒有其他活動。類似的社會規則極端壓制女性。幾千年來，女性的生命都這樣被禁錮了。

這種歷史傳統為現代女性的成長帶來了很大的問題：現代女性如何在社會上獲得自己的價值？女性在社會關係中承擔的勞動活動並不輕鬆，但是得到的權利和價值回報極小。據聯合國統計數據，在世界範圍內規定財產歸屬的法律中，歸屬男性的法律占98%，歸屬女性的只占2%。

1990年代日本法律才規定，女性有結婚後保留自己姓氏的權利。以往日本是一戶一姓，結婚以後女人必須跟男人姓。100多年前，日本女人上街很小心翼翼，男人在前面昂首闊步，女人隔了三步遠；二戰之後女人才跟上一步；1960年代女人又跟上一步；現在雙方才是齊平的。西方工業革命後，大量女性進入紡織廠，因為工作時穿裙子易發生事故，女性才第一次穿起長褲，但下班後要立刻換回裙子。直到1960年代，褲子的產量才超過了裙子，並成為服裝設計師的設計對象。女性一步步走來，突破各種枷鎖是很不容易的。在伊朗電影《黑板》裡，女性要結婚或者與男性建立關係，都不是為了愛，而是為了孩子或其他，但這些都不能幫助女性獲得發自內心的幸福感。這些都是傳統社會出現的女性困境。

歷史上女性還會被當作一種危險性的存在，社會共識（其實主要是男性共識）認為女性有時候非常感性，有時候又顯得冷酷無情。這其實是有文化背景的。比如王爾德依據《聖經》故事創作的戲劇《莎樂美》。巴比倫公主莎樂美，是希律王的繼女。在一次宴會上，她看到聖人約翰，對他一見鍾情，但約翰拒絕了她。希律王迷戀莎樂美，想讓莎樂美跳舞，並答應可以滿足她提出的任何願望。莎樂美跳得非常好，之後她要求希律王把約翰殺掉，她一方面愛他，但又不能得到他，所以只能毀滅他。《獻給艾米麗的一朵玫瑰》也是這樣，艾米麗是一個南方上校的女兒，家裡人都去世

了，剩下她一個。後來從北方來了個工頭，艾米麗很喜歡他。但工頭是北方人，不願意在南方生活，於是艾米麗買了半包砒霜，把工頭毒死了。

西蒙·波娃非常感嘆，我們不是生來是女人，而是成長為女人、社會的第二性，是被整個社會塑造扭曲，成為一名女性。所以女性，尤其從心理方面來說，不是天然的，而是被塑造的、被規定的。西蒙·波娃認為女性介於男人和太監之間，有一種被閹割的心理，沒有自己的生理，沒有自己的歸屬。身為女性太難了。為什麼女性得不到平等對待？為什麼女性不能和男性一起分享這個世界？好像女性只有放棄自由才能獲得呵護、獲得依靠，如果不去依靠男性，就會充滿各種風險。可以說，傳統社會對女性是非常不友好的。

女性文化伴隨社會發展，曲折向前

　　今天我們的社會已經有了巨大的改變，出行有柏油路，晚上有路燈。100 年前的美國，當時還到處是泥土路，電影院裡煙霧繚繞，鬧哄哄，電影院旁邊，妓院林立，一切都粗獷而野蠻。真正適合女性獨立行走的世界，形成不過區區幾十年。很長一段歷史時期內，世界全是圍繞男性構建的。女性地位的提升要感謝工業革命的發生，工業革命打開了女性的新天地。紡織廠等如雨後春筍般湧現出來，工廠需要大量的勞動力，於是女性走出了家庭。等到第二次世界大戰時，很多兵工廠也需要女性工作者來補充勞動力——男人都打仗去了。資本家們一開始怕女性吃不消，後來發現她們比男人做得好多了，工作的細緻度、精緻度都超過男人。從閉門不出到真正把自己投入社會生產中，女性走過了非常艱難的一段路。

　　教師也是女性較早開始從事的職業之一。國家需要發展教育，但是老師不夠，所以很多受過中等教育的女性開始當老師。美國西部開發的時候，特別需要老師，女性教師因為薪水低，很受學校歡迎，男老師 15 美元一個月，女老師只要 7 美元。當時一位女性要想當老師，需要簽特別嚴格的協議，比如她必須住在當地的一個家庭裡，不準單獨住，防止發生風花雪月的事情；下了班，她必須從學校直接回家，不能在街上蹓躂。女性一開始踏入社會，是透過這種非常不平等的條約進入的，但終究還是踏入社會了。女性有了勞動回報——薪水，不需要依附男人生存，開始有了獨立空間。這些職位不再像農業勞動那樣占據了她們所有的時間，女性開始有大量的空白時間用於識字、閱讀。古希臘時期，女人不準進入劇院，男人擔心她們看到悲劇時痛哭，對其他觀劇人產生負面影響。但是閱讀不

一樣，女性可以躲在自己的房間裡想怎麼看就怎麼看，在文學裡女性獲得了一種精神的自由。

農業社會對女性來說，封閉性太強，女性是天然親近城市的。臺灣很多鄉土電影，男女朋友一起出去打工，出去以後，女性非常適應城市，而男性還會懷念鄉村，覺得城市人情淡漠，有一點不習慣。電影《戀戀風塵》裡，青梅竹馬的戀人阿遠、阿雲一起來到城市。他們跟一夥人在地攤上聚會，有人讓阿雲喝啤酒，阿遠說女孩子在社交場合不要喝酒，但阿雲一高興就喝了，有人勸她再喝一杯，阿雲又喝了。阿遠心裡非常難過，他察覺到了一種變化。後來阿遠去當兵，兩年後快要回來之際，弟弟說阿雲已經跟郵差結婚了。對女性來說，儘管對方只是一個郵差，但也是城市社會的一員，是社會身分很明確的人，而阿遠還要繼續奮鬥，能不能扎根城市都難。不管是對阿雲還是阿遠，這樣的結局都是一種無奈。

歐洲的歷史跟我們不同，隨著工業化、城市化的發展，一批女性發展出了自我意識，像喬治·桑，穿褲裝，抽菸、喝酒，崇尚自由，非常叛逆，因為她有自己立足的資本。女性最艱難之處在於如果沒有經濟能力，那麼一切權利都沒有談論的基礎，她表面上也許氣勢很強，但實際上底氣不足，因為她自己也明白，必須完全依靠男人。但喬治·桑不一樣，她會寫小說，有自己謀生的能力，而且非常厲害。在她 200 年誕辰的時候，法國政府將那一年命名為「喬治·桑年」，以示尊敬。

女性在獲得權利的初期，一定不是完美的，現在看來可能還有點醜陋。人特別需要克服完美主義。什麼叫完美？完美就是成熟的東西，是經歷時間的洗禮累積下來的，有衡量標準的東西。而所有新生的事物都是不完美的，都具有叛逆性、破壞性。任何事物的早期都有這樣一個過程，若要發展需要打破很多原有的局限。

　　西方社會在工業化的過程中形成的消費主義文化，對女性產生了巨大的影響。1920 年代美國新女性的標準是要求女性不要溫柔、不要順從、不要謙卑，而要講求享樂。一戰之後，經濟發展，夜總會應運而生，大量的人開始享受生活，飲酒作樂，所以《大亨小傳》裡面主張女性自由、婚姻自由。但另一方面，欲望的釋放使得女性開始追逐金錢，以名牌數量衡量自己的價值。千禧年的日本，年輕女性也有這種追逐名牌包的潮流，女性普遍認為如果沒有揹上一個名牌包，這輩子就白活了。而近些年的日本社會，低欲望又成為一種潮流。大家盡量避免用奢侈品，讓自己跟其他人差不多，因為那些商標沒什麼價值，都屬於心理消費，心理消費是無限的、失控的，本質上是虛幻的。所以優衣庫流行了，因為買家認為跟大家一樣普通就可以。可以說這些年社會風向變化非常之大。

真正的女性文化是突破對自由的束縛

　　對目前的我們來說，社會正處於一個不斷拓展的進程中，我們處在多元文化、多樣文明裡，女性該怎麼去解答自己的人生？在都市化過程中，每個人身上都肩負著一個重大的命題 —— 尋找個人自由。何為自由？自由就是能自己做主。封建社會裡人都是看別人臉色，別人說好才算好。現代年輕人看起來自由了很多，但問題也比較明顯 —— 工業化和都市化沒能改變我們從農業社會沿襲下來的慣性。有一個女生喜歡上一個男生，女生覺得男生樣樣好，只有一點除外。這個女生身高 168 公分，男生身高 167 公分，而她的擇偶標準是要找一個 180 公分的人。這個男生太難過了，頹廢了三個月，瘦了 10 公斤。後來兩個人還是因為愛情跨過了這道障礙，走在一起。一旦突破自己設定的限制，兩人才發現事情沒那麼複雜。再後來女生和男生結婚了，過得也很好。兩人之間之所以會出現這樣的問題，關鍵還是傳統的固有認知對人的影響，而個人則需要突破這樣的限制。只是這個過程會給置身其中的個人帶來畏懼感。哲學上說，最大的畏懼是畏懼本身。生活中經常是這樣。

　　我到上海公安學院為學生上課時，偶然一次在辦公室注意到一對男女，有人告訴我這是一對夫妻，女人 53 歲，男人 35 歲。小夥子不到 20 歲時來到辦公室，對女人一見鍾情，當時女人近 40 歲，有孩子有家庭，男人從未表白，只是默默呵護，也沒有相親，一直待在這個辦公室。女人也明白，但是自己有該承擔的家庭責任。一直到女人 51 歲離婚，她跟男人結婚了。如果他們有一點猶豫畏懼，閒言閒語太多，那事情就不會像現在這樣。但他們毫不猶豫，堅定、堅決，別人也無話可說。

　　由此可見，人活在社會中，會有各式各樣的束縛，男女都一樣，只是社會對女性的束縛更多，而這些束縛，很多時候都是自己給自己設置的限制。目前的社會開放程度，可以說自由就在身邊，只要跨過自己的心理關卡，一步就能抵達。但「跨不過去」也是普遍現象，我們的潛意識總是認為外部是不安全的。

　　當今社會對女性的期待還存在一種非常固化的、壓制性的認知。從早期電影對女性的塑造中我們可以窺得一二。比如世界上第一位女性電影演員勞倫斯，商人們透過炒作把她塑造成「行走的誘惑」的存在，儘管她最後變成女明星，但內心一點也不幸福，48歲時服毒自盡了。這其實是男性主導的社會給女性的一種暗示、一種引導，更別說瑪麗蓮·夢露最經典的鏡頭──她站在地鐵的吹風口，裙子被吹起來，表現的是一種肉體的誘惑。社會的價值觀因為資本的作用出現了混亂，原來身為一名女性，不管是母親還是女兒，她有自己的價值，她的勞動、她付出的愛等都值得被重視。但現在社會扭曲了對女性的價值判斷。女性除了母親和女兒的身分外，她首先是一名女性，但影視界或者說消費主義，對女性的價值評判標準非常單一，年輕、顏值就是一切，女性一旦過了35歲，光芒立刻黯淡，從此被資本冷落。這是非常畸形的價值導向。電影中，女性也總是跟花花公子連繫在一起，女性被作為祭品來服務於男性。比如著名的丹麥電影《破浪而出》，丈夫癱瘓，他催妻子出去跟別的男人鬼混，因為只有她放蕩了，他的憤怒感才會減輕，他才能盡快恢復健康。女人被迫出去勾引男人，最後變成了全鎮所有女人的公敵。這麼一個把自己奉獻出去的女子，最後被迫到海盜船上去找男人。她第一次去就幾乎喪命，等她回到鎮上後，大家歧視她，小孩拿石頭砸她，外部和家庭環境壓迫得她無法呼吸，最後她死在了船上。

　　而《遠離非洲》這本書，則寫出了一種真正的女性文化。創作這樣的小說，需要偉大的獨立精神，作者把「愛情」這個女性文學的傳統主題放到第二位，而把人生自由的創造性放到了女性生存的中心。女性的生命高度不在於看過幾本書，也不是透過城市的生活幻境抵達，而是在遼闊的大地上實現。只有把自己的生命和自然世界，以及充滿樸素真情的人們連繫在一起，人才會精神歡喜。找到女性文化的根系，這是現代女性真正要解決的問題。在故事裡，凱倫‧白列森去了肯亞，在那裡生活了 17 年，在海拔近 2,000 公尺的地方種咖啡樹，跟當地形形色色的人打交道。野牛、飛翔的鳥，豐富的自然世界構造出一個跟古老文明有生命連繫的現代文明。在這個過程中，她對生命有了更深刻的體驗。

　　一個人有過逆流而上的人生，才算真正體驗過生活。在農業社會中很多人都希望風調雨順，平平順順，這樣的生活是最庸常的，就像一條魚在同一個水層游動，還沒有更多機會思考生命的深刻議題時，一生就這樣過去了。人需要過一種逆流而上的生活，這種生活儘管艱苦，但可以打開生命的維度。

　　在凱倫‧白列森的故居裡，有張唱片最值得注意，是凱倫的戀人丹尼斯留給她的。凱倫去肯亞的時候，帶了很多東西，各種衣服、酒器、咖啡，塞滿了好幾車廂，沿著鐵路轟隆隆開過去。故事結尾，咖啡園被燒掉了，丹尼斯也因飛機失事去世，凱倫離開時只帶走了幾本丹尼斯留下的書，其他東西都不要了。她知道這個世界上那些所謂的必需品，都是不需要的，她獲得了自由，打開了生活的維度，找到了生命的真諦。真正的生命是流動的，像水一樣，它有無限豐富的精神，是一種體驗過程。

　　凱倫‧白列森的這本小說，有她自己深層的價值追尋。在傳統西方社會裡，只有貴族可以吃肉，對平民來說，很多事情他們是沒資格做的。凱

倫身為一個富家女,她的願望是嫁一個有貴族封號的人,於是她嫁給了白列森。白列森家族有貴族封號,但是沒錢,凱倫給了他一大筆錢,買了一個男爵封號。這樣凱倫就成了男爵夫人。但白列森只是把這看成一場交易,到了肯亞後,他整天花天酒地,到處打獵,還染上了梅毒。在肯亞這片異鄉,在這個女性連咖啡館、酒吧都進不去的地方,形單影隻的凱倫陷入了絕望。她被迫放棄原來的追求,開始關注咖啡園,關注當地土著,在這個過程中她慢慢體會到勞動的價值,體會到古老民族的情感,體會到大自然裡野牛群、火烈鳥等形形色色的美,同時她也看到了殖民者對自然和當地文化的摧殘。在這個過程中,她獲得了對生命的新理解。

凱倫和丹尼斯的交往過程中,兩個人都很怕對彼此造成約束,喪失自由。在經歷了種種磨難後,兩個人才意識到彼此在同一個維度。丹尼斯開著飛機,載著凱倫第一次在天上飛時,凱倫感慨萬千,這是女性第一次跟男性在一個高度上看世界,看到牛群、山峰、河流,看到世界這麼廣闊,遠遠超出自己的小小的家。兩個人的情感在這樣一個開闊環境中獲得了昇華。可惜在最美好的時候,丹尼斯因飛機失事離開了。但是凱倫已然成長,內心深處有了自己的生命支撐,最後她帶著丹尼斯的書,離開了生活17年的肯亞,回到丹麥。儘管有哀傷,但是她對生命,對土地,對這個世界,有了自己的理解。

女性尋找到自我的精神價值，需要這三步驟

對年輕的朋友，我有三個建議。

第一，人年輕的時候，要多去探索世界，了解世界的多樣性，知道天外有天。人活於世，最怕的是認為這個世界錢是一切，只有一元性的標準，然後對不一樣的東西都排斥。所有的不適感，都在逼迫你去探索世界。為什麼喝葡萄酒要用「品」？不是我愛這種滋味，而是透過「品」不同的滋味，在「品」的過程中獲得對世界的理解。

我們的生活特別缺乏一種自由主義精神。我們不了解這個世界，不知道下一秒會發生什麼事，所以要愛什麼人、愛什麼事，就要趕快愛，深深愛，受盡折磨。

《遠離非洲》這本書非常好，它支持女性的生命要面向自然。

女性是那麼了不起，不要把自己局限於精緻的衣服、美食、小圈子來往、小情小愛……世界那麼大，你怎麼知道自己喜歡和適合什麼生活？很多人把自己的喜歡局限在現有的小圈子裡，如果再打開些，你可能喜歡拉丁舞，也許適合生活在巴西；你可能喜歡精緻、安靜，也許適合生活在日本；你可能喜歡溫暖的色彩，那就可以跑到法國南部的普羅旺斯，那裡的集市、教堂、廣場，各種顏色，五彩繽紛，時間在那裡，從古到今串聯在一起。而這一切，都有可能發生，都是可實現的。千萬別在你還沒了解這個世界的時候，就把自己固定了。所以《遠離非洲》的核心是走出。人要能走出舒適圈，走出自己固定的區域。走出去才有價值。

第二，要了解自我。這是對自我的一種探索，很多人一輩子都不能定位自己是誰。女性在很多方面比男性優秀。以前的腦科學研究，認為男性

左半腦發達，偏理性；女性右半腦發達，偏感性。現今新研究推翻了之前的結果——男性確實是左半腦發達，而女性是左半腦、右半腦都發達。女性兩個半腦中間的連結傳遞非常好，如果不被人為規定，它釋放出來的力量是非常強大的。受社會文化影響，很多女性的潛意識裡，畏懼成功。一旦成功，很多人害怕自己失去女性氣質，所以女性會習慣性地迴避很多東西，一定要顯得自己小鳥依人。日本每年在東京舉行高級女企業家年會，第一天上午開會，大家還一本正經地討論企業發展、經濟發展趨勢等，下午會議就變成「吐槽大會」，開始控訴男人。因為大部分女性都單身，她們的一個共同體會是，男人離開她們的時候，她們會感覺特別輕鬆，很獨立。

我教過一個韓國女學生，有天她哭哭啼啼說，男朋友來信說要分手，理由如下：半年以前你要去中國留學，我很不願意讓妳去，妳為我做飯，照顧我，我非常依賴妳。後來妳要我自立，鼓勵我自強。我沒辦法，只好開始自己學做飯，現在我發現自己越來越強，為了進一步自立，我決定跟妳分手。

這種情況下，女性非常害怕變成女強人，因為事情會變得很難處理。整個世界就處在這麼一個社會形態裡，因此，女性文化要建立自己的哲學基礎，解決根本問題。現在的女性文化，屬於過程哲學，不像男性文化那麼有目標性。男人從原始社會開始就是獵人，他們確定了目標性原則。如果要去打獵，他們會悄悄地，一路上一言不發，盯準獵物。直到今天，男性的這個特性都被標記在他們的基因裡，他們上街買東西，要買什麼就直奔那家店，買了就回家。而女性一直待在山洞周圍，相對封閉。在《遠離非洲》裡面，凱倫觀察山，觀察水，觀察各式各樣的生活場景，那都是女性真正打開自己的方式。

　　第三，探知生命。只有了解生命，才知道整個世界上生命是無限多的，共存在這個星球上，而不是只有自己活著。在《遠離非洲》裡，凱倫感受到了土著熱烈奔放的情感。在節日時，女孩子站在男人的腳背上，雙方一起跳舞，男女之間有深深的相互依存感。凱倫還幫當地人治療病症，人與人之間的關係，打破了種族，打破了地域。所以說，了解生命就是了解整個世界的豐富性。

　　我們在世界上行走，看到那麼多的真實存在，你有沒有興趣去了解一下別人的喜怒哀樂，別人內心深處的願望？這是個非常值得我們珍惜的世界，我們要學會付出，幫助別人。人除了獲得自己勞動所得的成果，還必須拿出一部分來幫助其他人，這個世界不是一個純粹的利益體。

　　我們的文明是養育文明，種下一顆種子，等待它的成熟，逐漸與自然建立起深厚的連繫，這是一個非常溫暖的過程。《遠離非洲》在這點上符合我們的文化精神，裡面展現了凱倫對生命的珍惜、對情感的珍惜。最後她要離開了，還為當地人擔心、著想，因為她離開了，土地會被徵收，為此她用盡一切力氣為他們爭取權利。這個世界需要這樣的溫暖。

　　有一個北京女孩，認識了一個研究語言的挪威同學，後來兩人結了婚，女孩回到中國，召集廣大少數民族地區的人們留存自己的語言文化。當地很多寨子真正能書寫一本民族語言的人只有兩三個，於是女孩和丈夫跑到深山裡建造了一個景頗族文化中心，把他們珍貴的民族遺產，如各式各樣的生活細節、節慶文化、繪畫音樂，教給年輕人去學習，又帶領他們在上海、北京等地表演，進行推廣。他們打算在那裡研究一輩子，挪威丈夫還把他的語言學研究員帶過去。後來他們取得了一個重大成果，首次發現了景頗族語言裡有一個其他語言體系裡沒有的重要因素。

　　社會的大致發展首先以經濟發展為中心，後來轉換觀念，變成以人的

發展為中心。我們的文化和技術發展太慢了，人受傳統思想的影響，都去買房子、買車子，生活方式千篇一律。其實在文化發展、文明發展過程中，會有大量優秀女性湧現。她們對生活有細膩的體察，對世界有新的表述、新的感受，自身有非常好的原創性潛力，會為社會帶來創造力。因此下一步最重要的是建立新型社會方式，在都市化過程中，人怎麼獲得更豐富的精神發展，是需要關注和解決的問題。

今天我們需要更多像法國的妮爾那樣的女性，她從小喜歡探索世界，發現中國的西藏是個神祕的地方，於是 20 多歲就想辦法來到西藏。當時的西藏還不準外國旅行者進入，因此她在青海遊蕩了 7、8 年，後來化裝成男人也沒能進去，幾經波折，她終於得以進入西藏，成為西方第一個女藏學家。妮爾跟《遠離非洲》的凱倫一樣，對世界抱有廣大的關切之心。有這種精神的人，才真正活出了生命的價值。《遠離非洲》第一次展現了女性對原始生命狀態、對大地成長的關懷，同時也寫出了女性自身對世界的感受，表現了女性力量中非常了不起的頑強性和再生性。

一個人一輩子需要出生兩次，第一次出生是生理上的出生，第二次出生是精神上的覺醒，知道自己應該做一個什麼樣的人。每個人都面臨第二次創造自己人生的任務，世界上大部分的人都沒有完成這個任務，因為沒有這個意識。一個孩子進入大學，從他離開家的那一刻起，已經開始半社會化，整個青年時代，就是自我覺醒的過程。這個過程不是依附性的。很多女生在大學裡有種體會，從學校門到學校門再到學校門，碩士讀完 25 歲，本來學了這麼多年知識，走出校門後是發展自我的大好時機，但這個時機卻被人為打斷。女性一出校門，她們就被外界逼著相親、結婚，人生之路一下子被困住了，一步接著一步，按步就班地生活，就像被放到工業流水線上製造出來一樣。這非常可惜。對女性的生命，社會也往往以倒數

計時來衡量，30 歲時要生孩子，28 歲時要結婚，這樣 25 歲時一定要找到男朋友……她們的生活一直在焦慮中行進。可是她們的精神價值在哪裡呢？很少有人討論和關注。

所以《遠離非洲》是一部可貴的作品。它描繪了女性在失去愛情、失去愛人、婚姻名存實亡的荒涼生命中，自己在大地上重新耕作，在絕境裡獲得了對生命嶄新的興趣、體會。

女性讓男性越來越有壓力？

對女性的認知，需要動態的眼光，從她們的少女時代到老奶奶時代，我們不能都以一個標準看。

任何社會要運行，都是有內在平衡的。

以我們的傳統社會為例，傳統的宗法制度是以男性為家族主幹，女性附屬於男性家族這樣的架構運行。這種情況全世界都存在，95%的社會結構都是女性來到男性家庭。西方總主張男女平權，很多女性嫁給男性後她們的姓氏卻要改成男方姓氏，包括希拉蕊。日本也是如此，女性一出嫁就改姓了。相反地，中國女性可以保留自己的姓。在中國古代女性權利確實要比男性權利少太多，但是母權是不小的。以《紅樓夢》為例，賈母就很有威權，賈政他們小一輩的都是要每天請安的。在這個社會體系裡，女性完成了社會賦予的功能和任務，就會得到很高的地位。

人們總認為傳統社會下女性沒力量或者柔弱，其實並不是這麼回事，母親在家族內部是擁有權利的。多年的媳婦熬成婆，最後這一熬就發生實質性的轉變了。

一次大戰後，世界經濟有段高速發展的時期，就是費茲傑羅所寫的爵士時代，當時興起了「新女性」的概念。新女性用消費主義來定義自己，比如說一個人的價值就是以有多少奢侈品來定位的，所以那個時代香奈兒這些奢侈品牌崛起。一方面是消費主義萌芽，另外一方面就是女權主義興盛，女性有權利追求自身的幸福、快樂，這逐漸變成一些高端女性的自我認知。

今天的男性面對女性，不能將女性作為一個總體一概而論，可以從某

些群體切入。現在，特別是在大城市，聚集了一批專業、學歷、收入各個方面都很優秀的女性。有的女性雖然剛畢業，還不那麼卓越，但對自己的期待很高。這一部分人的生存意識非常獨立，當感受到社會把女性的角色鎖定在某一面時，她們感覺到生活處處煩心。比如說，一個25歲的女生，碩士剛畢業，大家對她的定位會讓她產生兩個壓力 —— 職場壓力和婚育壓力。

現在的女性主義，甚至是女權主義，其實是女性對現行社會的不舒適、不適應的反應。社會關係裡處處充滿對女性的標籤化鎖定，讓女性覺得現實跟自己原本希望的生活大不一樣，所以女性表現出攻擊性，有點強勢。而且這個群體在擴大，大學每年招生的人數，女性占一半左右。這些人大部分留在城市，掌握了話語權、釋放出來的聲音很大。

以前的社會結構中優秀男性占大部分，比優秀女性多，但隨著教育的普及和網際網路的發展，現在，優秀女性越來越多。但傳統文化造就了女性的慕強心理，她們依然希望與一個比自己更強的異性成為生活的搭檔，但越往上優秀的人越少，最後只能單身。我有一個女學生去外地當老師，別人幫她介紹男朋友，男生見了一次就再也不來了。兩個人坐下來聊天喝咖啡，女生跟人家聊波特萊爾、普魯斯特，就這樣把男生「聊」走了。女性有慕強心理，而男性在傳統文化的薰陶下，本能上又比較排斥和自己旗鼓相當的人。沒有精神共鳴，很多女性因此也就不想戀愛、結婚了。從人類學角度看，男性的無意識思維，導致這部分女性結不了婚，基因得不到遺傳，這樣在人類進化過程中，這些人就「自生自滅」了。

我們現在處於這樣一個過渡時期，接下來可能兩三代女性都會遇到這樣的問題，但慢慢地男性也會成長，整個社會的勞動方式也會變化，會產生很多想像不到的創新，文化也會有很多支撐點，不用僅僅依靠觀念變

革。比如說我們現在出現了短影片、播客等形形色色的東西。女性的創造力很好，透過這些新的生產方式，她們可以獲得一種更清晰的自我認知，再面對世界時就會比較從容。很多女性態度尖銳，歸根到底，是社會環境給女性造成很大壓力。她們上班工作，下班顧家。如果她們的精神需求再得到提升，可以看電影、看展覽、了解各種新發明，那麼女性的自我認知會更好，她們跟這個世界的融合度會更高，女性對男性的期待也就小得多、平和得多。

現代社會是，男女雙方對彼此都比較失望。女性對男性抱持批判，也說明她們對男性的期待很大，希望跟這個人在一起能獲得另外一個延展的世界；男性對女性也存在失望情緒，覺得女性怎麼變得這麼物欲、現實。日本現在進入了低欲望社會，大家都不願意出門談戀愛了。有調查顯示，在日本，38 歲以下的群體中，女性單身率達到 38%，男性也占了 34%。

現在這種情況，有待於社會再發展，走到另外一個空間。什麼叫另外一個空間？就是發展有連續性，社會文化也有很大改變。

現在很多年輕人的個人自由時間被剝奪了，兩性之間當然也就沒有很寬鬆、友好的體驗。但這種情況不會長久。公路文化其實很適合年輕男女，且能打開廣闊的精神世界。美國公路文化電影裡，男女青年一起開著車，看露天電影，體驗形形色色汽車時代的東西，兩性間的感受也是完全不一樣的。人的精神世界擴大後，透過培養共同的愛好，比如一起看畫展、聽歌劇等，男女之間在精神層面會產生更多的共鳴，從而在人際交往中達成體諒。而文化一旦擴展，就會產生更多細分的人群。同樣喜歡音樂，有人可能喜歡這樣的，有人可能喜歡那樣的，這樣在每一個細分領域都有大批的人群，人的知音感就會增強，大家在情感裡的互動也會大大改變。

談女性寫作

　　人類這樣一路走過來，真正做到自律、自省、自我發掘是很不容易的。我們的成長都暗藏一種僥倖。所以，不妨真正思考一下，你以為的沒有寫作天賦，確實是沒有天賦，還是被壓制了？

　　世界上的作家大致可以分為兩種：屬於書房的和屬於路上的。

　　活成張愛玲這樣「在路上」的作家還是相當難的。

女性寫作者的基因形成

像珍‧奧斯丁這樣的女性開始寫作，有其時代背景，在英國，這個背景就是工業革命的發生。18 世紀末 19 世紀初，工業革命開始，蒸汽機越來越多，紡紗等作業不需要再借助水流落差的勢能來生產，工廠的選址從山間向城市轉移，城市生存環境也因此逐漸惡化。在英國，當時大量的工業廢水、生活汙水排入泰晤士河，河水變得臭氣熏天。很多有文化的貴族不喜歡在城市生活，就來到鄉村，給這裡帶來了很多文化養分。珍‧奧斯丁、勃朗特三姐妹，她們都出身於鄉村的小莊園主家庭。上流社會的貴族來到鄉下後，把讀書會、音樂會、舞會等文化藝術形式也帶來了，於是鄉村的鄉紳開始模仿，其中一項就是讀書。上述各種文化藝術形式影響了她們的生活，女性開始一起朗誦詩歌，也開始嘗試寫作。我們看《傲慢與偏見》，書中就提到伊麗莎白朗誦自己寫的文字。然後女作家便順理成章出現了。

這些女作家一開始用男性的名字發表作品，因為當時女人寫作還是比較受排斥的。但是她們的作品一經發表，市場叫好又叫座。男性作者的題材，是當時已經為市場熟知的漂流記、流浪記這種類型，女性寫出來的內容就帶著生活日常氣息，有微觀的細節和細膩的心理活動，寫出來的內容跟市場上以往的題材不一樣。珍‧奧斯丁的第一本書賣了幾十英鎊，她非常高興。這也從側面說明了寫作可以成為女性自立、謀生的手段。而像中國歷史上李清照這樣的女詞人，她不是靠寫作來賺錢的，家裡本來就有較豐厚的家底。

工業革命後，歐洲女性在文化空間裡找到了自己的生存空間，她們開

始寫作，然後迅速地收穫了一批女讀者。為什麼會產生女讀者？柏拉圖曾認為女性不適合去公眾場合，女性情感細膩，進了劇場以後看到悲劇，情緒容易失控。但小說這個載體就不同，女性可以躲在自己的閨房裡感悟小說的愛恨情仇，哭跳隨便。所以女性讀者群的出現和發展為女作家的書寫提供了群眾基礎。廣大的讀者來買書，支持了女性的寫作，女性作品反過來又哺育了更多的女性讀者，二者之間相互推動。

女性多寫情感題材，她們識文斷字，走在時代的敏感處，透過寫作能把女性形形色色的不幸訴說出來，廣大女性也就成為共同體，有了自己的文化元素、自己的情緒共鳴，也就有了女性文化。

我們的社會也是如此。在農業社會時期，女性是被壓迫的；進入新時代後，女性開始接受教育，有了寫作基礎；尤其當女性受過高等教育後，書寫能力、閱讀能力都增強了。她們可以透過寫作表達自我，也表達自我生命的精神探索。當下新媒體廣泛發展，網路環境開放、透明，使得整個社會層面有了很大的表達空間，投入寫作的人也就非常多，而且女性本身的語言表達欲也比男性來得強。

美國曾做過一個調查，在美國社會，女性一天的單字輸出量平均是3,000 個，而男性是 1,000 個，男性比女性少說三分之二。在輸出中，女性的語言多是情緒交換，男性多是訊息交換。表現在寫作裡，女性的表達欲望更強烈，文字也容易有情感渲染，這是女性寫作的特質。

20 世紀，英國作家吳爾芙提出，女性寫作的大問題是空間不足、對社會的認知不足。因為女性始終關心家庭事務，缺乏在社會大空間中的歷練，難以寫出像托爾斯泰《戰爭與和平》這樣的著作。但女性的時間感很好，時間是無形的，她們在時間中寫作，心理上就產生一種綿延感。所以在文學上，女性寫作與男性寫作有很大的互補性。

　　女性寫作，是很不容易的。勃朗特三姐妹的父親畢業於劍橋大學，但她們的家庭在那一代小莊園裡是比較窮的。父親是個牧師，當時牧師的收入是根據教區大小來決定的，如果你管理的教區有 5,000 人，每個人都有奉獻，你的收入就高。勃朗特姐妹的父親恰好管轄一個很小的教區。家庭經濟條件堪憂，家裡女兒又多，每個女兒將來怎麼出嫁，不嫁出去的話又將怎樣生活，有這樣的考慮，做父親的因此就很憂愁。但是他藝術、人文、哲學的修養非常好，他對女兒們的培養是從小講故事給她們聽，講古希臘哲學，講各式各樣的文學經典，講戲劇、美術、歷史，三個女孩子從小吸收到很多跟別的女孩不太一樣的東西。對三個女孩來說，最大的現實問題是她們如何在世間立足。當時的英國法律有明確規定，女性沒有財產繼承權，全部財產都是男性的。如果父親去世，妻子和三個女兒不會得到一分遺產，所以她們必須找一個男性親戚來繼承，不論這位男性親戚與她們的關係有多遠。女性如何在當時的制度下立足，是女性的生存問題，也是她們寫作遇到的問題。女性出嫁了，她們要承擔很多的家庭事務、規則義務，這對她們的寫作有很大束縛；不出嫁，女性也不會有什麼錢。所以吳爾芙總結，女性寫作，一定要有一個自己的房間，還要有一點點錢。這就是女性在英國社會制度之下的寫作困境。吳爾芙的丈夫也不算窮，但吳爾芙後來靠自己的版稅，賺得比她丈夫多多了。吳爾芙精神不穩定，經常會發病，她的丈夫把家變成了一間小印刷廠，她寫的任何稿子在自己家裡就可以印成書，這讓她有一種很強的成就感。

　　其實吳爾芙的問題也折射出現代女性的寫作困境 —— 很多女性想寫作，卻困於窮困。加之現在寫作的人太多了，怎麼能讓作品被市場認可，怎麼能把寫作變成一種謀生的方式？一位專業作家，其作品的市場性很成功的話，生活尚可以維持，反之，則很艱難。所以很多人是兼職寫作。身

處今天這個商業化環境，大家雖然不願意寫流行庸俗的東西，但表達內心
的文字作品的市場又比較小眾，造成謀生之難。

人人都能寫，但不是人人都能當作家

文學對天賦的要求是非常高的。

有天賦的人，文字之於他，是沒有枷鎖的，等於他活在文字裡。如果一個人有寫作天賦的話，那些文字跟他就像是親人一樣，二者沒有距離。

沒有天賦的人寫東西很符合語法，寫出的內容實際上等於語文。語文有語法，有規格，有很好的主題提煉，我認為很多人都是這樣寫的。但真正的文學家寫作是不按語法規範的，文字是性靈語言，讀者也不是靠語法來理解作品；文學家能寫出情緒來，有些藝術小說，標點都沒有，甚至都沒有一句完整的話，但並不影響情感的傳遞。比如普魯斯特的《追憶似水年華》，很多地方寫得混亂，但是讀者能直接體會到作者紛飛的精神情緒，讀完後心裡有點刺痛。

一個作家，有語言天賦，這是首要的。有了天賦之後就好辦了。為什麼呢？打個比方，比如你想做一個商人，你就得有用錢來生錢的本事；你想做一個投資家，你必須有獲得大量資本的本事。從文學的角度看，你只要有語言天賦就可以走寫作這條路。語言天賦不用花一分錢，就像空氣一樣可隨取隨用，就看你有沒有能力把它「變現」。當然，這中間還有很長一段路要走。

在這個世界上屬於藝術範疇的工作，包括企業家，基本是天賦所成就的。有人說成功是九分勤奮、一分天賦，那是對可繼承的、可管理的東西而言。做創意工作的人至少要有六分天賦、四分勤奮。有天賦，人會對這件事物產生出一種喜歡。一個人真正喜歡一樣東西，不會覺得苦，他能從中體會到一種精神上的歡愉。一個有天賦的作家，他寫作前有時候想好了

要寫什麼，有時候根本沒想好。好的作家是不用天天苦思冥想的，他拿出一張白紙，不管想什麼隨便寫出來，句子帶句子，詞帶詞，文字慢慢地就像溪水一樣流淌出來了。可能他自己都沒想到能寫這麼長，慢慢地一部作品就完成了。

很多人不應該一廂情願地去當作家，因為你可能一輩子也寫不出一部作品。我認識一些人，寫了一輩子，寫到 70 多歲，堅持不懈地寫，但是一篇也沒發表。能說他不勤奮嗎？沒有天賦賦能，勤奮也僅僅是勤奮，這是很可惜的，因為勤奮用錯了地方。當然，如果將寫作作為愛好，就是另外一個層面了。

寫作是一個高度藝術化的工作。它是一種語言藝術，它與視覺藝術、雕塑造型藝術等是並列的。語言藝術最容易誘惑人，因為很多人覺得我也能寫，這有什麼難的，因此很多人誤入「歧途」，去從事文學創作了。

寫作其實是一個人的生活方式，不只是個簡單的動作。川端康成在上學的時候，就寫出了一定的名氣。他的第一篇小說《招魂節一景》，寫一個演藝團體表演騎馬雜技的故事。女孩的表演本來是人人喝彩的，結果有一次她看到一位比她大一點、快 40 歲的女人在表演中恍神掉下來了，於是女孩聯想到自己現在雖然很年輕，但將來也會步入中年，到時候人生又該如何？忽然，女孩的心情低落了，心態有點崩潰，表演時她聚精會神的能力也變差了，差點出意外。當時菊池寬等老作家看了這篇小說非常欣賞，認為川端康成寫出了人物的內心，氣場寫得很好，發現他是很適合寫作的。

川端康成這篇小說其實沒拿到錢，在日本是這樣的，小說發表的時候不給作者稿酬，但是如果你寫得好，人家向你約稿了，那就有報酬了。

後來川端康成跟一個叫伊藤初代的女孩子相遇，兩人商量著要結婚，

差不多已經定下來，川端康成開始準備籌辦婚禮了。一天，女孩子突然寫信給他說，絕對不能跟你結婚了，發生了一件事，現在絕對不能告訴你，因此暫時不能跟你結婚了。這對川端康成打擊很大，痛苦失望之際，他跑到伊豆半島遊歷，遇上一個演出團隊，寫出了《伊豆的舞孃》，這部作品到現在還是經典之作。

身為一個作家，沒有生活方式的支持，沒有性情的外化是不行的。川端康成一畢業，他每個月寫小說的收入比一般薪水階級都高，但他花錢是隨性的。有時他看到流浪狗覺得牠們很可憐，就帶回家裡，花很多錢養著十幾條狗；有時他喜歡上一個小東西，就買一大堆回來；有時他看到好朋友，心情高興就請人吃飯，去酒館裡點特別好的菜，吃完了發現沒錢，只好再打給朋友來付錢。他經常這樣任性生活，隨性、不拘束，朋友也喜歡他。他當了一輩子職業作家，性格一直如此。

所以寫作與一個人的性格、內心、生活方式都是有關係的。有時候我們不說天賦，說天性。寫作，是要有文學天性的。有些人永遠不可能成為作家。他去旅行，看到一件商品很喜歡，然後跟人家殺價，人家要250元，他出50元。這種人永遠當不成作家，他缺乏一種生活的縱情感。他在買東西的這個瞬間把高興徹底釋放出來，感受到的價值也就在那一刻，買回去以後這個價值可能就消散了。如果一個人一輩子活得像個粽子，隨時把自己捆得很精細，什麼時候都沒打開過，那麼他是當不了作家的。

如果沒有天賦，還能寫作嗎？

可能有人就質疑了：寫作是要靠天賦的，那我沒有天賦，是不是就不能寫作了？

很多人是有天賦的，但是可能被外界長期壓制了，自己不知道。人類是最軟弱的存在。我們生下來不能自立，必須靠父母，要有養育者。婚姻制度也因此慢慢建立起來，女性一定要尋找一個可靠的撫養夥伴。所以我們天性渴望依賴。在這種依賴的天性下，人會有一定的表演性，你笑的時候父母鼓勵你，你就會習慣表現笑容。人類這樣一路走過來，真正做到自律、自省、自我發掘是很不容易的。我們的成長都暗藏一種僥倖。所以，不妨真正思考一下，你以為的沒有寫作天賦，確實是沒有天賦，還是被壓制了？

有的人會在多元化的資訊裡看到另一種生活，產生啟發，也就有了自己的想法，到了叛逆期他特別想自己去探索。這種探索就暗含人類的主動性，也是我常常講的「人的第二次出生」。很多人的叛逆是假叛逆，是本能的反應，並沒有吸收到新東西，仍然有很強的依賴性。我覺得依賴性體現在兩個方面：一方面是抱怨社會；一方面是啃老，靠別人鋪路。現在很多年輕人希望找份安穩的工作，收入高一點。但重要的是，你是否喜歡這份工作，喜歡才會產生主動性；如果不喜歡，只是想安穩生活，就是依賴性在主導。

有的人能從依賴性中跳脫出來，比如三毛，比如歷史上第一位進入拉薩的西方女性，被西方稱為「女英雄」的大衛・妮爾。

像妮爾、喬治・桑，她們都有創造性，都有探索世界的價值點。有些

人想尋找新的價值觀，但沒有價值點，現在很多年輕人都有這樣的問題，不知道自己該做什麼。

所以如果你想當作家、藝術家，其實是很不容易的事。外部的刺激很重要，看到了什麼東西，接觸了什麼人，看了什麼書非常重要，另一方面也需要我們從依賴性中掙脫出來，給自己第二次出生的機會，而且第二次出生的時間越早越好。我認識很多青年作家，上國中就開始寫，堅持不懈地寫，慢慢地也就寫得行雲流水了。其實人真正要獨立起步，不能晚，雖然起步晚的也有，但是很少。一個人如果 35 歲才覺醒的話，可能就真的晚了。

寫作也要斷捨離

　　有些人透過寫作獲得了一定的社會空間，但又覺得寫作不能養活自己，轉而又去做別的工作。我們可以從兩個層面理解：一方面，我們除了要順從自己的天性，有時候還要做出一些其他的嘗試和努力，這個社會能與你產生共鳴的人很多，其他方向的試探可以連結更多的社會資源；另一方面，我們需要進行生活的斷捨離。身為一個作家，一個手提箱就能把自己的全部裝進去。張愛玲晚年在舊金山到處搬家，幾個箱子拼起來就是書桌，床也沒有，就一個床墊子扔在地上，個人世界一身輕，這是斷捨離，也是極簡生活。

　　很多人寫作都有點需求，希望生活有點情調，需要一定的環境，要有這個有那個。其實有也可以，沒有也行，沒有的話留給精神空間的餘地也就更多了。理查·葉慈寫《革命之路》時，他在波士頓的房子裡只有一個很舊的冰箱，裡面裝了一些啤酒，一個很簡陋的書桌、一張非常簡單的床。記者去看他時，驚訝於他活得這麼簡單。滿地都是被葉慈踩死的蟑螂，而他也懶得打掃。就是在這樣一個環境下，葉慈寫出了《革命之路》。女性寫作在這方面不容易，她們對環境的要求還是比較高的，要有自己的居室，有一點溫暖自己內心的東西等等。我曾讀到過一本冰心的散文集《拾穗小札》，1964 年出版，封面素淡。裡面有一篇，寫她到俄羅斯訪問，看到當年列寧藏身山林，在一個樹樁上寫出了《國家與革命》時，自覺十分慚愧，說自己寫作時一定要窗明几淨，在暖馨的書房裡才安心。大概世界上的作家可以分為兩種：屬於書房的和屬於路上的。活成張愛玲這樣「在路上」的作家還是相當難的。

　　人有時候要對自己的生活狀態做一些有益的調整，人需要努力，不要想著讓人生的一切都符合自己的舒展度。其實我們在這個世界上無非是協調兩個關係：一個是和自然的關係，另一個是和他人的關係。自然這部分我們有可調整空間，比如和居室的關係 —— 我可能現在住在一個瓦房裡，下雨時還會漏點水，但是如果生活需要我這樣生存的時候我能住下去，騰出最大的資源空間來寫作。另一個是與他人的關係，我對他人有多少期待，我的生活和他人的生活有多少距離，這是需要考慮的。盡量簡化與他人的關係，為自己騰出一個自由空間來，這樣你可以放棄的東西就非常多了。作家要有一種隨時可以變化的自由，當外在需求妨礙文學自由時，就需要為文學開路，簡化外部的東西。

　　這種究極的追求是比較難的。對於女性作者，難就難在女性更渴望生活的安全度、追求舒適感。大作家托爾斯泰的夫人修養很高，鋼琴技藝高超，而且非常有人道主義精神。晚年的托爾斯泰覺得自己生活得很罪惡，自己的莊園還存在農奴制，有那麼多奴隸。為了追求他所謂的托爾斯泰主義，他希望自己穿上粗布衣服，把莊園讓給窮人住，過最普通的生活。他夫人覺得丈夫這麼想太好了，覺得他真有憐憫世人的普世情懷，但是她卻不允許托爾斯泰這樣做，因為孩子們還要彈鋼琴，還要學藝術。理想是理想，若要落實到實踐層面是絕對不能的。最後托爾斯泰憤然離家，凍倒在一個小車站旁。那時他已經完成了《戰爭與和平》，有了那麼多偉大的作品。

　　托爾斯泰妻子的立場我們也能理解。女性考慮群體，更在乎自己家人和孩子的將來，所以女性像獅子。而男性是孤獨的，像老虎，男女有這樣的區別，所以女性在寫作上更不容易。

我們為什麼相愛相殺

相愛是存量，相殺是增量。「殺」的價質高不高非常重要，能「相殺」的人肯定是看到了對方的價值。

兩個人結合在一起最好的一種形式，就是看到了對方非常有價值的、自己非常認同的部分。

其實愛上一個人就是愛上一種生活。

喜歡一個人，跟他在一起，你要看他到底在做什麼，他在經營一種什麼樣的生活。愛情是兩個人一起去經營一種生活，兩個人都是生活的經營者。

女性的解放與困境

這個時代，由於社會生活多樣，情感方式也是多樣的。在今天，一個人有三種選擇：一是一輩子像傳統父輩一樣，跟一位異性度過一生；二是跟一位同性在一起，這也屢見不鮮；還有一種是一生跟自己在一起。不是說誰單身就沒有愛了，相反，這表示人在社會裡有一種深深的愛的標準和期待，只是一直沒有相遇或者錯過了，最後一個人生活。

兩性在一起，經歷了很大的歷史變化。退回去 200 年，1920 年代，那個時候為什麼會出現一些很不一樣的女性，而且都是單身？像珍·奧斯丁、勃朗特三姐妹，其中除了寫《簡·愛》的夏綠蒂·勃朗特結了婚，其他幾個都沒有像大多數人一樣選擇跟一位異性在一起生活。這是由於工業革命後，社會變了，以前的社會沒有女性的生存空間，她只能從父母的家到另一個男人的家，女性沒有任何自我生存的空間，所以不可能有獨立性。社會仍然是男性的社會，女性是附屬。這種情況在工業革命後大不一樣了，煤礦、紡織廠、小學，形形色色的行業開始發展，這些新的經濟活動、文化活動釋放出來的空間，對女性來說是前所未有的廣闊。

女性第一次得到精神解放，是從文學裡。之前，女性在自己狹小的空間裡充滿了壓抑感，後來有女性作家寫小說，她們很懂女性讀者的心情。當時很多女性拿一本小說，門一關躲在房間裡，讀得又哭又笑，非常恣意。但是 200 年來，男性沒什麼改變，還是社會權利的擁有者，而女性的變化太大了。這種變化，讓男性面對女性時，有一種無措感，他們難以理解，難以接納，感到非常不適應。所以，近代以來，愛情變化最大的要素就是女性的變化，而很多男性沒有跟上女性的思想轉變。工業革命以來，

男性的進步遠遠趕不上女性。

女性獨立了，成長了，但仍然有困境 —— 沒有自己的文化傳統。男性理性，講辯證法，講邏輯，這是他們一代又一代的累積，男性在精神空間裡累積出了自己的邏輯、自己的原則、自己的價值觀，那是非常漫長的過程。但是女性沒有這種累積，很多時候她們都是靠自己的直覺、自己的情感和願望去開闢生活。古希臘人說，明白你自己、了解你自己。但對女性來說，探知、明白自己，在現代社會裡非常難，但這正是女性奮起直追的理由。要知道，從那個漫長的探索過程來看，女性文化比男性文化晚了幾百上千年。所以，要打破這個邏輯，就得靠一些勇敢的女性，像喬治·桑，她採取了一種簡單的方式 —— 反叛。穿男人的衣服、抽菸，一切行為跟傳統女性相抗衡。很多現代女性都是從反叛性開始，建立起自己新的起點。

在男女關係裡，男性、女性都面臨著很大的難題，但女性更難。比如女性的生活細節，從穿裙子發展到穿褲子，這件事對男性來說，太無聊，沒什麼價值，穿什麼都可以。但是對於女性來說，她們走過了漫長的抗爭。工業革命後，女性走進紡織廠，她們工作時需要換上工裝褲，因為機器運轉很危險，穿著裙子不行，但是一下班她們又要馬上換上裙子，因為在當時的社會視角下，女性穿褲子是特別淫蕩、色情的事情，所以不能穿褲子，只能穿裙子。長褲的「合法化」，一直努力到 1960 年代，那時的服裝發表會才第一次有了女性長褲系列，這個過程的艱難程度可想而知。女性從簡·愛開始爭取戀愛的平等性、精神和精神的對話，到 1992 年，女性開始爭取單身的權利。當時美國一名黑人女性擔任一位白人參議員的助手，競選的時候，她站出來揭發參議員對她性騷擾，但整個美國的政界、文化界一律不相信這個女人，不是因為她的證據不足，而是因為她單身，

所以大家認為她的話不可信，覺得她是性幻想、性自虐。這震驚了美國社會，由此女權主義開始轉向，第一次把女性爭取的目標變成了女性單身的權利。那一年被命名為美國「女性年」。

相愛相殺源於人性的複雜

為什麼今天男女在一起會產生相愛相殺的問題？其實是因為人性是複雜的，沒有任何一個單純的好人，沒有任何一個單純的壞人，也沒有我們一言以蔽之的「一個人」，每一種時代變化、每種生活都讓人留下了印記。所以一對男女相遇的時候，什麼地方適合，什麼地方不合，已經不是簡單的王子和灰姑娘的故事了。一個人身上有特別美好的部分，也有很複雜的部分，然後他和另一個既美好又複雜的人相遇，兩個人身上所攜帶的不同文化要素、不同的生活經驗，如果正好契合，兩個人便在一起了。但這並不意味著兩個人都美好，他們身上美好的部分能不能在相遇的時候疊合起來、釋放出來，變成生命的再發展呢？

反過來有一個問題，兩個人身上都有比較黑暗的部分。每個人反思自己的時候，會發現自己身上確實有大量的局限、盲點，甚至也有很殘酷的一面，有些是成長帶來的，有些是天性帶來的。在過去男尊女卑的時代，男女之間的很多差異釋放不出來，但在現代平等的條件裡，很多東西都釋放出來了。

今天男女相處的情況非常不一樣了，「殺」的部分，也就是相互不適應的部分，價值高不高特別重要，能「相殺」的人肯定是看到了對方的價值。若只是單純談感情不講其他，這種感情的含量、內涵是比較淺的。兩個人結合在一起最好的一種形式，就是看到了對方非常有價值的、自己非常認同的部分。比如說，這個人很樸實，他很喜歡旅行，喜歡拍照，喜歡寫作，正好跟自己相合，自己也認同這種生活。其實愛上一個人就是愛上一種生活。一個人最可悲的就是一輩子沒有生活過，一輩子都在追逐生

活的條件，要賺錢、要大房子，雖然最終得到了，一輩子的時間也過去了。真正的戀愛是兩個人共同打開生活，在對方身上看到自己非常喜歡的生活。

但生活不是天上掉下來的，而是去創造的，為了創造美好的生活，你的一切資源都要有非常好的配置。我們看一個人的時候，僅僅看他的資源怎麼配置，就知道他的生活有沒有重心、有沒有方向。所以喜歡一個人，跟他在一起，你要看他到底在做什麼，他在經營一種什麼樣的生活。愛情是兩個人一起去經營一種生活，兩個人都是生活的經營者。

有的人非常重視存量，一個人有學位、聰明有錢，跟你一點關係都沒有，那是他以往的，屬於你們兩個人的東西在哪裡，你們倆能創造出什麼，這才是最重要的，是別人替代不了的。

相愛是存量，相殺是增量

在這個世界上，相愛有一個基本規律 —— 互相說真話。世界還有個規律，凡是讚揚你的話，100 句有 99 句是虛的，而在批評你的話裡，100句至少有 80 句是真的。但是大多數人不喜歡別人的批評，其實批評很珍貴，真心對你的人才批評你。親密的、相愛的關係，彼此之間 100％敞開，如果其中一方說出「相殺」的話，這種心意其實是很珍貴的，你可以把它當成一種愛來體會，它是對你生命的創造。一份愛情裡兩個不同的生命，能看到對方，體會彼此的成長性、價值點，這種所謂的「相殺」，是一種對生命特別的珍惜。即便有時候社會可能不肯定他，但是你能肯定他，在一個最基本的判斷上，你對他有強烈的支持，又能給他一種非常強烈的督促或者是批評，這樣對人的推動性特別大。

美國作家霍桑明明具有作家天賦，但他年輕的時候偏偏熱衷政治，去當公務員，還去競選，後來美國新總統上臺，行政體系換人，他被趕回家了，垂頭喪氣。妻子看著他，笑瞇瞇地說：回來了，太好了！霍桑說：好什麼好，以後靠什麼生活呢？妻子說：你早該回來了，我早知道你是個作家，你還在那裡折騰，回來就好好寫作吧！霍桑說：生活怎麼辦？沒錢。妻子說：我早知道你會這麼落魄地回來，以前賺來的錢我都省著，往後幾年你只管寫作，錢夠用，但你不能再像以前那樣不明白自己。霍桑一聽覺得妻子不簡單，回歸寫作，寫了半年。一個原來認識的出版商路過他們家，問他回來後在做什麼，霍桑說在寫東西，這就是後來霍桑的代表作《紅字》。

所以兩個人在一起，是互相增加能量、互相增值的，而不是跟社會比

功利。兩個人合力能長出一種新的東西,在這個過程中,兩個人互相之間的那種溫暖、信任,已經在精神上合成一個共同體。

人與人最大的價值是差異。傳統社會是集體、家族建構的,你能合群,能遵守普遍規則,你就是優秀的,那個時代講究模範標本,人要像螺絲釘,放到哪裡都符合標準。今天的社會不一樣,一個人之所以有價值,因為他跟別人不同,不同才有交換性,不同才凸顯你的獨特價值。一個人就開出一朵不一樣的花來。

愛情不是方舟，人應該追尋更大的精神空間

世界上的人可以分為兩種：繼承的人和創造的人。

選擇繼承的人安心繼承，遵循世俗的一般標準，比如考個好大學、找份好工作，這是能透過努力達到的，生活的目標和路徑都很清楚，勤奮工作，抓住機會，然後在整個社會的框架裡盡量過得好一點。

創造的人是要在現有體系之外創造另一種價值，打開一片空間，拓展一片新的精神世界。如果你想過這樣的生活，最重要的是過程，而不是目標的實現。這就是《唐吉訶德》珍貴的原因了，它在 2000 年被評選為世界文學史上最優秀的作品。人類精神深處是渴望自由、渴望創造、渴望探索的。

唐吉訶德跟常人的行為規範不一樣，他是逆風而行的，60 多歲了突然像個少年。一個老人，已經沒有多少力量的老人，一輩子讀騎士書，最後化為行動，拿著破矛，戴著破盔，騎上老馬，走出家門，像個瘋子一樣，面對世界還敢飛蛾撲火般地衝上去。

唐吉訶德最寶貴的地方在於他活出了一種從內向外的生活，活出了生命的唯一性。唐吉訶德勇敢地將自己的夢想付諸實踐，這種走出去的勇氣和行動就是一種從內向外的生活。太多的人一輩子只看到自己，局限在自我中，不會走出去看看周圍和這個社會，不會判斷自己的生活，我們什麼時候才能像唐吉訶德那樣，坐在山坡上議論自己、看自己？一旦這樣的話，所謂「相殺」也就不是「相殺」了。自由的生活有個特點，就是把自己變成社會的一部分，不完全屬於自己。我們在這個社會上一生的使命就是替社會探索一點新東西。越是這樣的人，他的情感就越不容易被那些外在

的標準衡量。

　　如果我們自覺地走上了尋找自由的道路，這時候必然與外界有互動，一個人身上的複雜性往往就在探索過程中釋放出來。在《遠離非洲》裡，凱倫離開肯亞時，只帶了戀人丹尼斯的幾本書，其餘全部捨棄，但是她一路上經過了那麼多的風風雨雨，內心是豐裕的。一個人活到 70 歲時回想自己的一生，走過的路、經歷的心情、形形色色的相遇，如果內心承載了這個世界的細節，你會發現很多傳統以為苦的東西其實是幸福。

　　我在日本工作的時候，有一次去參觀位於島根縣松江市的一個文人故居。那個地方有點遠，我一大清早從岡山坐第一班列車出發。隆冬臘月，一路上河水冰涼，閃著寒光，一兩個小時後，群山上終於露出一點點的紅，遠處的陽光照著山峰，那紅一點點往下移，山谷裡的河流開始泛白了，巨大的光一點點在移動，生命在甦醒，有的地方有炊煙裊裊升起，這個時候，我發現自己是多麼幸福。大家都還在沉睡中，我已經跟這個世界相視了，大地是那樣一點點地打開、甦醒。

　　以前夏天時我會在上海外灘坐一整晚，發現原來外灘通宵人跡不斷，夜深人不多但不會完全沒有人，早上的霞光慢慢從東邊升起，巨大的樓影倒映在江面上，非常漂亮。這裡白天不准騎車，夜裡我騎車在南京東路，感覺像騎在峽谷裡，置身夢幻世界一般。天剛濛濛亮，在狹窄的巷子裡，居然已經有一些人喜笑顏開地出來營生。這些人是從浙江西部的山上來上海販賣石榴的，她們早上把石榴擦得鋥亮，然後放在擔子裡，走街串巷。能在城市裡看到山裡的景象，真好。她們一看我拿著相機，就說，趕快拍我們！一個個笑得特別開心。這就是人間關係。有的人活了一輩子沒有建立起真正的人間關係，都是那種等級關係，人生活得太狹隘了。

　　在現代生活裡，兩個人的感情都是這樣一路走來形成的。愛是愛他的

生活，兩個人願意生活在這樣一個空間裡、精神裡，感情是由此衍生出來的，不是一下子就能夠建立深厚的感情。

愛情的一個基本要義是，放不下。為什麼要結婚？就是因為你愛這個人，如果你不跟他在一起的話，你就不知道他的未來，他以後會遇到什麼，所以你心裡非常放不下，這個時候你唯一的最好的選擇就是跟他結婚，共同度過以後的歲月。

今天我們這個時代是一個很複雜的時代，有點像 1920 年代的美國，費茲傑羅寫《大亨小傳》的那個時代。那個時代最大的特點是人的失根。當時的美國，很多人出於求學、求職各方面原因離開家鄉，來到大城市，他們到處遷徙，所以對原生的土地產生了情感斷離；另一方面，他們在成長過程中，聽到很多古老歌謠，爵士樂開始流行，接觸很多古代的史詩、神話，尤其是爵士樂裡面混雜的成分，既有古老神話的永恆性，又有隨意性，所以這時候的人顯得很矛盾，人的想法裡既有過去時代思想的遺傳，又有面向未來追求個人自由的期待，活得就像雙面人。今天很多人活得像是雙面人，甚至三面人，很累很累。現代人為什麼覺得糾結？如果沒有雙重性、多重性，就沒有糾結。

所以在這個年代，很多人就希望對方能為自己減輕負擔，愛情本身就變成了一個方舟。往往正是這種急迫性容易使人選錯人，把一個人放大。可能這個人本來跟你不合適，但正好跟你的需求、你的孤獨、你的焦慮等等產生連繫，戀愛和婚姻變成了一種解決問題的方式。這就是今天的人普遍存在的問題。

我們這個時代有一個巨大的主題，就是痛苦、生活的不完美，所以我們今天的人生觀、哲學觀全都要改變。很多人對愛情的體會，都是在痛苦中領悟的，不經過痛苦，完全不明白幸福是什麼。這種試錯的過程，對我

們今天的年輕人而言是很寶貴的，不要怕試錯，不要退縮，你沒有辦法保證什麼都是好的。今天這一兩代人甚至三代人，其實過得都很艱難，別看物質生活提高了，其實下一步更痛苦，精神的痛苦遠遠比物質的匱乏更厲害，因此開啟了現代生活的主題 ── 孤獨、人的異化感、孤立感、漂流感。

單身其實是一件光榮的事

　　現在單身獨居的人越來越多，這是很光榮的。其中的意義是什麼呢？古代缺乏個體文化，每個人都處在家族裡。西方文藝復興，特別是大航海時代之後，很多傳教士、探險家、考古學家等都跑出去了，他們沒有攜家帶眷，而是獨自一人出去建立起個人價值，獨立地、探索性地生存，這種現象和西方國家的文化有關係 —— 他們的文化更注重個體，以個人價值為核心，強調的是個體和上帝，而家庭和父母居於次要地位。

　　我們不同於此，我們注重的是集體、家族，弘揚一種宏觀的、「大」的價值觀。事實上，我們也需要個人的獨立性、自由感、探索性，但是在經濟還不是很發達的情況下，我們的個體性消融在了日常生活的柴米油鹽裡。現在有一批年輕人因為精神文化等因素而單身了，其實是為整個社會打開了另外一種可能性，即「在這麼大的群體裡如何探索獨立的生活、建立獨立的價值」，他們不僅是為自己，也是在為後代開路，如果有三代這樣的人，就會形成一股很大的社會力量，他們可以自由地選擇結婚或不結婚，不管做出怎樣的決定都能過得豐富多彩，而現在我們的歷史紀錄裡看不到獨身者生活的豐富多彩性。當下的這一批年輕人正在透過音樂、旅行、創作、媒體等方式尋求豐富性，踐行一種很艱難卻具有獨特價值的生活。這種生活的建構如果僅僅靠一個人的努力可能是短暫的、曇花一現的，但如果是大群體共同搭建，情形便大不相同了。

　　單身生活或者說獨自一人的生活是一種能夠發掘內在自我價值的、具有強大精神成長力量的生活，而我們的歷史傳統中缺乏這種經驗。所以，雖然現在年輕人生活得很艱難、苦澀，但他們是在造福後代，為後代探索

一種全新的生活。以前農業社會的生活方式是代代相傳的，如今，從這一代人開始，物質生活的比例下降了，精神文化生活比例上升，年輕人不斷拓展生活的趣味性，發掘新的生活價值。

所以，每當我看到社會上單身的年輕人過著充實的生活時，我就非常佩服他們，那是真正地在為社會的發展「以身試法」吧！年輕人這樣做的價值很高，哪怕一部分人選擇不結婚也是可以的，政府甚至可以嘗試設立專門的單身補貼，而不是一味地鼓勵所有人結婚。對於單身族群，政府可以開展一些相應的溫暖和鼓勵性質的活動，比如提供創業幫助，在公共空間中建設「單身空間」，建立更多 24 小時營業的超市、深夜書店、深夜食堂，鼓勵夜經濟的發展等。這些做法不僅會為「寒冬臘月」依然在外遊走的單身年輕人提供一些「落腳點」，也會形成一個生態鏈，創造巨大的經濟新增長點的同時，這種開放性也會為更多有趣、獨特的年輕人提供多元發展的機會。所以，社會需要朝著這個方向做出更多的行動。

鼓勵單身的同時，隨之而來的是一個我們諱莫如深的問題 —— 性文化的轉變。

美國單身人士眾多，但他們中的很多人都有性伴侶，日本也比較性開放、性自由。如果社會性開放程度提高，很多年輕人可能會更加不願意結婚，因為他們擁有足夠的自由了。80 後這一代人還比較顧及別人的感受，做事時會考慮對他人產生的影響，90 後、95 前這一代人已經稍微發生了變化，而 95 後生長在環境、資訊都發生了巨大變化的全球化時代，他們在做事時或許更看重自我需求和自我價值的實現。但是在很多方面，95 後依然會顧及父母的看法，比如，在選擇戀愛或結婚對象時，如果父母不喜歡，他們就會有壓力、糾結和顧慮。不同於西方，我們這代年輕人身上並

存的注重自我感受和保持傳統善良觀念兩種特質，使很多問題變得矛盾、複雜起來。

談愛情

　　他們必須用他們整個的生命、用一切的力量，集聚他們寂寞、痛苦和向上激動的心去學習愛。愛的要義並不是什麼傾心、獻身、與第二者結合，它對於個人是一種崇高的動力，去成熟，在自身內有所完成，去完成一個世界，是為了另一個人而完成一個自己的世界，這對於他是一個巨大的、不讓步的要求。

——里爾克

相愛路上，一定要抓住決定性的瞬間

年輕一代，到底應該有一個怎樣的未來？

我們提倡三思而行，但一件好的事情，往往一思就猶豫了，二思更遲疑，三思就放棄了，所以人完全沒有活出自己真正的樣子。希望我們新一代的人有生而為人的生命的連續性，在他的兒童、少年、青年、中年、老年各個時期，都能活得很真實，是一個由內向外生活的人，而不是由外向內、活在別人眼光裡的人。

我們的生活中，太多人放棄了太多次本可以改變整個人生的一瞬時機，但也有很多沒有放棄的人，這樣的人是讓人難忘的。

而細化到愛情領域，在相愛的深情裡，人一定要緊緊地握住那一瞬 —— 人生中決定性的那一瞬。

我考入復旦大學時，全校總共 50 幾個留學生，都是來自歐美和日本。當時學校有個學習制度，就是要選一個中國學生和一個外國學生住在一個房間，外國學生在這裡學習多長時間，你就跟他住多長時間，一般也就是一年，最長兩年。這樣彼此可以互相交流、互相學習，外國學生可以很快地學習到中國語言和文化。我當時跟一位美國人住在一起。

有一次學校舉辦活動到上海的國棉六廠，一位年輕的女職員帶領大家參觀。美國留學生裡有個男生，中文名字叫陶明龍。他一看到這位女生，眼睛就發亮了，直呼這個姑娘太可愛。

男生看到可愛的女生，經常心裡想：哎呀，這個女生太可愛了。但實際上他可能就是感慨一下「太可愛了」，然後什麼行動也沒有。但陶明龍不一樣，他開始想方設法地跟她說話，跟她要連繫方式，表現出了非常堅

定的意志。最後，兩個人談了戀愛，但陶明龍遠在美國的父母堅決反對，對他表示：如果你要堅持，從此斷絕你的經濟支援。面對這些困難，陶明龍還是不放棄。離開復旦大學的時候，他們兩個人結了婚。當時，他們連回美國的飛機票都買不起。後來兩人去了香港，在碼頭釘箱子打工，做了半年就為了賺到回美國的機票錢。最後他們在一起生活得非常幸福。在愛情裡，人最初動心的那一瞬間往往具有真正的決定性意義，能最終建立起一個非常幸福的、有價值的生活。

在上海，有一家在年輕人中非常受歡迎的咖啡館 —— 魯馬滋咖啡館，它有三家分店。這家店是怎麼來的呢？一個上海姑娘去日本留學，認識了一個日本青年。寒冷的冬天，兩個人走在東京街頭，忽然聞到一股非常芬芳的氣息 —— 來自咖啡館。就那一瞬間，這個姑娘心裡湧現出一種強烈的願望，跟男生說：這樣吧，我們一起去上海，這輩子就開一家咖啡館。男生對咖啡一竅不通，女生其實也不明白。但是男生抓住那一瞬間說：好，我們去。

回來以後兩人堅持用最高標準來做咖啡，做得非常好。後來我跟他們一起把咖啡館做成了一個電影主題咖啡館，很有特色。他們兩個人的生活，就這樣透過做一件彼此都喜歡的事情建立起來了。而這源於當初那一瞬間的決定，所以我覺得愛情本身，有時候就是在那幾秒鐘決定的。而我們很多青年沒有這幾秒鐘的領悟。

我想起《海上鋼琴師》這部電影，1900 的一眼之緣，他在那一瞬間愛上一個姑娘。那個姑娘在紐約，他就坐船到了紐約，走向甲板。他的前半輩子沒有離開過這艘船，他是個孤兒。當他走下甲板的時候，大家都看著他，很開心地目送他，但他突然停住了。因為紐約太大了，他要找的這個姑娘在哪條街都未必清楚，他要盡力去開始新的生活。這一切都和有可控

性的 88 鍵鋼琴完全不一樣。他交付的未來有大量的未知細節，這些細節都不一定是他能夠承受的。這使未來變成一種恐懼，一種極大的阻擋和壓力。這部電影非常值得一看，它不僅僅是浪漫的，也是一個孤獨的、悲愴的故事。

時代複雜，怎樣抓住瞬間

　　在這個時代，我們每一個青年既要追求愛情，又要面對無限複雜的世界。我們不像前人面對的是一個可知的世界，儘管辛苦，儘管艱難，但是只要肯付出、奮鬥，他們心裡是踏實的。但是我們的新青年面對的未來生活是茫然的，是一片未知的歲月。這時候，年輕人既要承擔愛情，又要承擔未來，就太難了。所以 1900 最後回去了，退回到自己的 88 個琴鍵裡，回到可控、可知的生活中。

　　今天的青年，面對這種複雜性，如何去愛，如何去創造自己的生活？1900 知道自己的悲哀，他說：我已經與這個世界擦肩而過了。但是今天我們的年輕人沒辦法和世界擦肩而過，於是深陷困境。

　　20 ～ 34 歲的年輕人這麼大一個群體，他們的未來在哪裡？這是個很焦慮的現實問題。怎麼發現自己生命的決定性瞬間，再從這裡出發，拓展我們的生命寬度和深度？現在的青年內心非常矛盾。

　　今天的社會是個「文明三明治」，我們的祖父母是在農業社會裡那種淳樸和勤勞的環境中成長的；父母可能是在工業時代成長的，經濟開放、講績優、講績效、大量生產；而我們又活在後現代社會，網路化、大數據、人工智慧……這三個夾層之中，現代的青年，按道理說應該是活得更自由。人可以不停地穿梭在三種文明之間，我們的生活本該更自由了，但實際上我們更徬徨、更焦慮了。

　　我很喜歡杜瓦諾的《維爾旅館前的接吻》這幅照片。杜瓦諾是著名的貧民攝影師。照片中的兩個年輕人在巴黎街頭，在維爾旅館前接吻，但是這幅照片並不令人愉悅。第一眼看上去，照片表現的氣氛是浪漫的，但是

仔細體會你會發現照片的焦點是路人。

現代社會，城市的意義就在這裡，大家都匆匆而過，互不關注。那種人際關係的介入感、相互的嵌入感、制約感，在城市的新文明裡消失了。這兩個人可以在城市街頭接吻，在神情淡然的行人前接吻。這個吻是自由的吻，無關他人。如果他們是在一個村莊裡，那就不得了，但這裡是巴黎，所以他們擁有這種自由。這張照片給人最大的感覺是沉痛，因為太多人放棄了這種自由。我們要不要接受這個吻，都是要看周邊：別人怎麼樣，朋友怎麼樣，父母怎麼樣……活在別人的眼光裡。

這種矛盾性是我們今天的普遍狀態。我們擁有自由，但是又不實質擁有它，它近在身邊，卻拿不到。所以我們社會的青年普遍地面臨「一步之遙的問題」。觀念上跨不過去，虛妄的恐懼統治著自己，這造成很大的心理負擔。這是我們今天的時代矛盾和自我的尖銳對立。所以抓住這一瞬間對我們當下的青年來說太重要了。

瞬間的決定來自對生活的體認

　　歷史上有很多抓住那一瞬間的人，也有很多放棄那一瞬間的人。電影《珍愛來臨》中，珍為什麼在跟人私奔的路上放棄愛情了？因為她看到一封信，那一瞬間她發現，跟他走的話生活太艱難，這個男人會因為私奔而失去他將要繼承的一切，還要負擔很多家人的生活。儘管珍是優秀的人，但是這樣一來，將來就沒有好的經濟條件去寫作了。於是她又回到自己的父母家，一輩子沒有結婚。

　　英國著名作家吳爾芙說：寫作的女性需要什麼呢？一個屬於自己的房間，還要一點點錢。後來，她在劍橋大學演講時，有人問她：你說的那一點點錢到底是多少？吳爾芙說：500 英鎊一年。當時英國普通工人一年的收入也不過 8、90 英鎊，500 英鎊，是相當高的收入了。

　　所以，人在這一瞬間的放棄，來自我們對生活的定義、理解，以及條件性的限制。對於居住和生活環境，我們不再像老一輩那樣，有縫紉機、自行車、鐘錶再加上一個收音機就滿足了。現在誰會願意這樣生活？

　　我們生活的未知是什麼呢？未知就是一隻老虎。大家可能都看過《少年 Pi 的奇幻漂流》。Pi 剛開始遇到船難的時候，小船上就有這隻老虎。他想把牠趕走，因為我們的生活一定要排除生存危險。但是後來他知道了，沒有這隻老虎，自己早就葬生大海。

　　如果他在茫茫大海上毫無希望，每天耗散自己的渴望和精力，那他的生命早就枯竭了，但是因為這隻老虎的存在，他有了生存的鬥志，他和牠互相警惕。最後，老虎掉在水裡爬不上來，可憐巴巴地望著他，Pi 在那一瞬間，理解了彼此生命的依存性。

　　在這個世界上，一個青年要發展，無非就是三大步驟，沒有特別的因素，不可能很快就知道這三大步驟。第一，探索世界，一定要多遊歷，多體驗生活；第二，了解自我，自己在這個世界上能做什麼，上限能做到什麼，下限能做到什麼，找到自己生活的定位；第三，了解生命，這個世界由萬事萬物共同組成，不只是自己存在，也要了解到世界生命的一體性。

　　人要從愛一株植物開始，才能愛生命，才能擁有真正的生活。

　　Pi 就在這一瞬間，理解了太多的東西，他跳出了那個 π。我們一般人的生活在 3.14 範圍裡，最多到 3.1415，這是 π 的基本規律，然後就可以處理生活了。但是 Pi 在這個地方跳出了常規，他達到了 3.1415926535 的程度，可以達到 10 位。為什麼電影中他在黑板上寫出成千上萬行的 π？因為他不是活在 3.14 的範圍裡。

　　所以，人要透過「一隻老虎」探知生活，有時候要排除的東西恰恰是最珍貴的。

小說、電影中的愛情瞬間

　　有一些電影表現得很浪漫、很美，但是仔細體會，我們會發現電影展現出來的確定性。日本電影小津安二郎導演的《麥秋》裡，紀子28歲，非常漂亮，人家幫她介紹富翁家的闊少，她都不願意去見，但是最後她答應嫁給一個帶著小女孩的醫生 —— 她哥哥的同學。為什麼呢？因為那個人的媽媽向她說自己有個願望：希望紀子能做自己的兒媳。這位媽媽只是單純地將其當作一個願望，她根本不敢相信會實現，因為不相信，所以才敢說出來，然而紀子就在這一秒鐘答應了。

　　這是1951年的作品，戰後日本精神一片潰敗，舊的信仰潰散了，新的信仰還沒建立起來，整個家族社會在瓦解。雖然面對的是一個如此紛亂的世界，但紀子在瞬間感覺到跟這個男人在一起會幸福。男人的妻子死去多年，他一直在懷念她。紀子感覺到他內心的真誠，所以願意跟他在一起生活。男人要離開東京去東北部的一個新醫院當醫生了，那兒環境很艱苦，但是紀子說：我不怕吃苦。在那樣的時代，只要不怕吃苦，就可以面對生活。我們現在的青年也可以向下兼容傳統的生活，極簡、自然，只要不怕吃苦。

　　電影《洛麗塔》中，亨伯特第一眼看見12歲的洛麗塔就愛上了她。因為她復活了他記憶中的「小仙女」。「小仙女」是他懵懂少年時期失去的初戀，他一看到洛麗塔就想起她。在心理學上，這是一種光環效應，一種積極錯覺。但是他的時間維度是向後的，他自認為找到了自己的理想，但這其實是一個虛假的理想。所以到最後，當洛麗塔慢慢長大，跳脫出了他原來的臆想時，悲劇就來了。

　　這種確定性實際上是在自己的虛構裡實現的，最後必然使人生陷入一片虛空。

　　在愛爾蘭作家柯姆‧托賓的小說《布魯克林》裡，愛麗絲愛上水管道工人托尼，但是她始終沒有為這份感情下結論。有一次約會，她早早地來到約會地點，一個人跑到二樓，想看一看托尼來的時候如果發現她不在會是什麼表情。結果她看到托尼因看不到約好的人在哪兒而非常慌張。就在那一瞬間，愛麗絲覺得很心疼，她看到托尼臉上的惶恐無助，她覺得是因為自己不給他確定性，他才會有那種悲傷、無依無靠的感覺。所以，就在那一瞬間，她快步跑下去，跑到托尼面前，兩人走在一起。

　　愛麗絲身上瞬間的體悟不是憑空來的，她不只是心疼，而且是基於愛爾蘭人悲慘的遭遇。1840 年代，愛爾蘭的馬鈴薯大面積歉收，但是英格蘭對愛爾蘭的稅收還是不減，愛爾蘭人大量地逃往美國。當然，愛麗絲的時代不是 19 世紀，而是往後的 1950 年代了。但是愛爾蘭人內心深處的飄零、堅韌、深情，都鮮明地體現在愛麗絲身上，她從愛爾蘭小鎮來到大都市紐約，精神深處保持著非常淳樸的特質。她對愛情的認定受此影響，面對托尼時，內心非常喜歡他熱情洋溢的勞動性。

　　生活就是這樣：有時候，生命一瞬間釋放出的最溫馨的底色，溫暖了我們的人生。

　　我剛才講的故事裡有悲有喜，但是有一種絕對是毀滅性的。在哈代的長篇小說《黛絲姑娘》裡，黛絲到富人德伯家去，德伯家的長子亞力克要勾引她，她並不喜歡這個男人。在和女工一起回家的路上，同行人說粗俗的黃色笑話，黛絲非常不滿，臉色很難看，那些人看出來了，就覺得黛絲看不起她們，於是故意攻擊她、辱罵她。這個時候亞力克騎著大馬過來，請黛絲坐到馬上。此時人內心深處的虛榮、相對的優越感開始發揮作用，

在這之前，她絕對不會上亞力克的馬，但是這一次她上馬了。亞力克騎著馬帶著她亂繞，最後將黛絲帶到樹林裡誘姦了她。黛絲一生的悲劇，就在這一瞬間形成。

馬奎斯的長篇小說《愛在瘟疫蔓延時》，寫出了青年在一瞬間暴露的灰色自我。有時候我們覺得自己是一個非常浪漫、有詩意的人，但實際上不一定。因為你成長中日積月累的經驗，很大程度上決定了你的潛意識。在這部小說中，20歲的男孩阿里薩和16歲的女孩費爾米娜相愛，但女孩的爸爸把她帶到遠方去躲避這份愛情。

兩年以後，這對情侶在市場偶然相遇，阿里薩猝然說：戴王冠的女孩怎麼會來這個地方？這一瞬間的一句話毀滅了費爾米娜的愛情，一剎那間她不再愛他。底層少年阿里薩愛上富裕人家的女孩，這是思想上的跨越，所以費爾米娜很喜歡他，覺得他有勇氣。但是沒想到這時的一句話把阿里薩潛意識中的階級意識和卑微感說出來了。我們人的矛盾性就在這裡，儘管阿里薩能夠勇敢地追求愛情，但他內心深處還是有無形的自卑感。所以當他說出這句話時，費爾米娜對他瞬間失望，立刻跟他絕交，她在寫給他的絕交信中說，所有的過去「都是幻覺」。

有的瞬間在強大的文化衝擊裡，會讓人有一種前所未有的發現，擊破相愛的幻象。在英國作家福斯特的長篇小說《印度之旅》裡，年輕姑娘阿德拉到印度去看她的未婚夫，她覺得他很好，盡忠盡職，長得很帥，是個理想的結婚對象。這也是現在我們的青年情感中存在的一個普遍問題：不是把對方當作愛情對象，而是婚姻對象。很多年輕人儘管是在談戀愛，實際是在談婚姻，腦子裡想的都是成家需要的各種標準，精神情感的東西沒有得到釋放。

阿德拉後來對自己的未婚夫越來越迷惑了。她在印度看到了不一樣的

文明，印度人非常樸實，相信萬物有靈，把任何東西都看作有靈性的生命。而她的未婚夫卻帶著殖民者的傲慢，居高臨下地管理著當地人。在英國殖民者的文化裡，他是最優秀的，但是當阿德拉轉換文明視角、跨過文化障礙時，就發現自己的未婚夫是個多麼冷酷、多麼狹隘的人。後來阿德拉跟隨一位印度醫生爬山，當她站在高處回望這座城市時，就在那一瞬間，她忽然發現自己不愛未婚夫了。

這是個非常重要的瞬間，我覺得愛情裡，不論男女，極為重要的一件事，就是一定要善於發現自己不愛對方了。這個發現會拯救你，你以為自己愛了對方一輩子，其實內心根本就沒有愛過真實的他，又或者他其實是個不值得愛的人。如果沒有跨文化、跨文明的經歷和視角，人很難有這種發現。

愛，不思考，才有永恆

全球化背景下，我們面臨著一個新的未來，要勇於把自己拋向未知，跨出自己的文化邊界，去真正認識自己的愛情。我們不怕將自己投入到無窮盡的 π 裡去，如今，電腦已經把 π 計算到 3.14 萬億位上了，而很多人還活在 3.14 裡，在 3.14 中沒有自由，只有常規。

日本電影《黃昏的清兵衛》展現的是另一番情景，最美好的愛情在一瞬間突破了心裡的高牆，抓住了生死關頭的決定性瞬間。影片裡的清兵衛這個男人只有 50 石的武士年俸，他娶了一個來自 100 多石收入家庭的妻子。妻子嫁過來後經常抱怨生活不好，後來染病辭世。這給清兵衛留下難以抹去的心理陰影，所以當青梅竹馬的朋江提出要嫁給他時，他毫不遲疑地拒絕了，因為朋江家裡更富，有 1,000 多石的年收入。她愛他，但是他不敢愛她，覺得自己太卑微了。

後來他被藩主派去殺一個武藝高強的流浪武士，九死一生之際，清兵衛豁然明白自己此生多麼愛朋江！他故意叫他的跟班把朋江請來幫他打理決鬥的行裝。就在那一刻，他向她表白了，他說：其實我心裡一直放不下的就是妳。

朋江十分震驚，她說：我哥哥向你提親你拒絕，所以我已經答應嫁給另外一個武士了。清兵衛此刻萬念俱灰，抱著必死之心去決鬥，沒想到背水一戰的信念反而給了他超常的力量，他把對方殺死了。回到家中，他驚訝地發現朋江還在，兩個人終於走到了一起。這一切來自清兵衛向朋江表白的那一刻，朋江也抓住了那一瞬間，在清兵衛家中孤注一擲地等待。她知道他十有八九回不來，但她就是要等著他。在看到他活著回來的那一瞬

間，兩個人注定要在一起了。

　　所以生死、危險、千鈞一髮之際，都是把握愛情最好的時機。把愛情僅僅定義為花好月圓，定義在花前月下，彷彿很美，但當下才最美。

　　《午夜巴黎》中有一些「過去很美好」的設定，但其實我們的當下才是最重要的。我們青年的關鍵任務就是抓住當下最重要的一瞬間，那一瞬間在當下發生，同時來自你既往的成長積澱。我們要培養自己抓住最有價值的那一瞬間的能力。如果你自己是荒蕪的，去抓住那一瞬間時只能狼狽不堪。這種能力基於你的人文成長，內心深處存有一種渴望、一種追求。然後當那一瞬間到來的時候，你才能真正認識它，你才能理解它的價值。

　　我非常喜歡葡萄牙詩人佩索亞的詩歌〈我的目光清澈〉，裡面談到了一個本質性的東西，他說：「愛就是永恆的純真，而唯一的純真，就是不思考……」

　　愛，不思考。我們想得太多就失去生活，抓住那一瞬間，我們才有永恆。

談孤獨

　　人要有點離群索居的氣質，要有點孤獨的能力。

　　每個人都有非常好的天資，人在社會上最怕的就是這輩子被自己的雜質淹沒。

　　我們在孤獨中需要一點上帝視角，那是對自己的審判，對自己的清理。如果沒有孤獨來幫我們實現，在喧譁與騷動裡，人人在漂流，哪有時間來反觀自己？

孤獨在文化語境裡的難言之隱

我們農業社會的歷史悠久，代代傳承下來，農業文明已發展得相當成熟。農業文明在鄉村環境中孕育，承載在人倫、血緣、家族等框架裡。農業社會有個特點，效率低下，比如我們要透過養牛來耕地，就需要餵牛吃草，給予照料，牛才能維持勞動力。農業社會要發展需要很多很多人齊心協力。發展到工業社會，因為工業革命社會生產效率空前提高，一臺機器的馬力 20 倍於人工勞動力，社會不斷地擴大生產。工業化生產把分散的工廠、作坊、小工廠按照彼此的依賴性、相關性聚集成一個大工廠。工業社會時期整個生產力發展是飛躍的，這是對人類最大的解放。

我們的社會因為自然地理環境的阻隔等各種原因，農業文明沒有被世界同化，這種獨特性保留了一種自然經濟、農村文化的基本氣質。這個氣質最大的特點是，人活在別人的陽光裡，做事的依據、對錯標準不在自己心裡，而很大程度上是在集體、家族的邏輯裡，所以不會去考慮個人自身的感情、自身的自由。在這種背景下個人要獲得精神自由、道德自由、文化自由，很難。

1919 年的五四運動比歐洲文藝復興晚了幾百年。文藝復興奠定了一個基礎 —— 世界的核心價值是個人，個人的價值是一切價值的基礎。所有事物評判的標準是，是否有利於解放個人，人的創造性、人的願望和想像能不能被釋放，人的力量能不能得到合理的承認，然後由個人進行自我決定、自我選擇。這是文化的巨大轉化。我們的轉化，到今天為止，才剛剛啟動，個人對於自己的合法性、合理性、唯一性的體會相對來說比較單薄。今天的社會出現的突出問題，就是你身上有很多可能性，但是生活得

沒什麼可能。這裡面有兩個矛盾：一個是你想得很多，真正行動得很少；再者，你自己很希望開拓自由的、不一樣的生活，卻又非常希望一切風調雨順，希望自己開拓的新生活也能得到父母的祝福、別人的誇獎和社會的承認。但是用農業社會種瓜得瓜、種豆得豆的邏輯去開啟自由，是完全不可能的事情。

自由的生活，必然從孤獨開始

在目前的時代背景下，言行合一的人必然是孤獨的。很多人都希望自己能「雖千萬人吾往矣」，但很少人能做到。今天的人要在這個時代有真正自由的生活，必然從孤獨開始。

思想是我們獲得釋放的前導性力量。歐洲的文藝復興開展一段時間後，社會運動形成了，很多人被大社會包圍著往前走，社會形態從貴族社會向平民社會轉換，工商業者興起、工商城市大規模崛起，社會發展到了某個階段，人既得到了釋放又不孤獨。

但今天的我們還談不上達到那種程度，今天肯定是一批有想法、想行動、很孤獨的人先去開拓，這是歷史性的命運。這需要力量，思想的、行動的力量，需要去拓新，而不是局限在小範圍裡尋找自我。

我知道一個 31 歲的日本女人，獨自來到雲南麗江虎跳峽，在一家納西族開的民宿住下。她看到清新的大自然，金沙江一年四季流動，充滿野性的力量，民宿小夥子上上下下忙著工作。人類是這麼自然地生活著，她越看越喜歡，最後選擇留下和小夥子結了婚，一起做民宿。她感覺找到了這輩子想要的生活。

還有一個 20 幾歲的美國女生，也來到麗江農村。當地一個男人的妻子去世了，他獨自帶著孩子，腿有點跛，但男人的眼神透著簡單純樸。這個美國女孩子一下子喜歡上他，最後決定嫁給他。

人和人的生命觀、價值觀、人生觀都不一樣，關鍵看我們珍惜什麼。

有思想的人是孤獨的

人並不是要決定改變時才特別孤獨。全世界的人類，只要有自己真正的價值思考，有思辨精神，很大程度上他都是孤獨的。因為這個世界處在很大的矛盾中，各式各樣的力量圍繞著人們，形成一股又一股強橫的對抗力量。

有些孤獨是必然的。

任何時代都有一個問題，就是思想者、有自己的價值判斷的人，他和社會大眾始終存在一種緊張的關係。古希臘時期，公民很自由，所以孕育了一些思想，但凡是認真思考的人，他的思想必然難被大眾接受。思想家、探索者必然是孤獨的。比如柏拉圖學派，他們認為這個世界都是影子，我們孜孜以求的那些東西都是影子，都不是真實的。這個世界最真實的是理念的世界，本質上是一個內在的、超越我們每個人的世界，所以人一定要生活在理念世界，而不能生活在現象世界，世俗社會都是在現象社會裡，都是在具體的欲望裡。

柏拉圖本身就很孤獨，他和社會的關係，始終有種離群感，他有一個著名的洞穴理論。一群人銬著鎖鏈在洞穴裡生活，外面有陽光，有樹，陽光把樹影照到牆壁上，大家以為這就是真實的世界。後來有個人掙脫了鎖鏈跑出去，發現原來外面才是真實的世界，於是趕緊回去跟大家說。大家認為這傢伙胡說八道，群起而攻之，把他打死了，然後繼續沉迷於牆壁上的世界。現代很多人否定一種新思想的時候，就像洞穴裡的這些人，因為如果你承認外部的世界是真的，那自己的一生就毀了，自己原來信奉的價值全部蕩然無存。那種普遍的、不需要思考繼承下來的東西，必然是單一

的，所以他就不可能看到另外一個更真實的世界。所以，柏拉圖心裡有孤獨感。

還有伊比鳩魯學派，儘管他們是個追求快樂的學派，但他們覺得眾人都是在追求動態的快樂，在不停地變化。他們認為真正的幸福、快樂是靜態的，是對痛苦的超越。人只有在艱難的跋涉、探索裡，才能體會到真正的幸福和快樂。但是今天消費主義盛行，我們很難擁有一種真正的、讓我們生命有連續性的東西。儘管伊比鳩魯學派提倡快樂，但他們內心也很孤獨。

斯多葛學派認為世界有其內在的秩序，就像黃金分割比例一樣有標準規定，我們的生活絕對是超越日常的，我們要追求一種更加符合這些規律的東西，這才是一種有價值的生活，才符合宇宙的本性。他們有一個著名的觀點：一個人應該做世界的公民，要了解這個世界。但現在大部分人跟世界不對稱，他們用自己一點小小的生活經驗，一點小小的知識，來面對那麼廣闊的世界，然後想把世界打包到自己小小的願望裡。我們是在這樣跟世界建立一種關係。如果一個人想去打破常規，像斯多葛學派一樣進行這樣一種思考的話，那他必然也很孤獨，跟世俗的關係很遠。

犬儒學派希望人活得像條狗，高度簡化。第歐根尼睡在大木桶裡，這個人白天上街提個燈籠，人家說太陽這麼亮，你提個燈籠幹嘛呢？他說我在找人。他認為這個世界沒有人，大家的頭腦一片混沌，根本看不見這個世界，他要找一個真正的人，卻到處找不到。他多麼孤獨啊！他覺得人類的欲望太猖狂了，都是名譽、財富、地位，完全忘記了我們生命自身的美好、自由。

孤獨，讓你認識自己

孤獨為什麼是一種力量？一個人如果一生沒有孤獨的需求，一點孤獨都受不了，那就有太大問題了。

我有個學生在無錫當老師，2021 年春節因為疫情沒回家過年。他說這是自己有史以來過得最幸福的一個寒假，一個人看書，看電影，一開始還有點淒清，後來心裡覺得越來越暖，自己以前感覺不到的安靜又回來了。我們現在太缺乏這種靜心的安靜。這個世界看著很安靜，可無形的聒噪，各種聲光電子產品淹沒你，讓你身上到處浮動著浮躁的東西，所以有時候人需要用孤獨來沉澱自己，我們每個人心裡面埋藏了太多的東西。

人在世界上有兩套系統，一套是自己意識得到的東西，還有一套是埋藏在潛意識裡，來自自然、於過往經歷裡無形中形成的東西。只有在特別安靜尤其是精神安靜的情況下，比如在山村連微弱的犬吠都能聽見的時候，你才會忽然覺得內心激動起來，感覺到很多很多東西湧現出來，你會忽然覺得自己活得錯誤，覺得放棄、失去了很多東西，你會忽然發現，原來自己嚮往的是另外一種生活。這是那種虛靜能帶給你的東西，這時你才真正了解自己。一個人在世界上如果連自己都不了解，那活得多麼混亂啊？你沒有基本的孤獨時刻，沒有片刻留給自己，你如何能明白自己、體會自己？

有的人活得如浮萍一般，就像電影《情人》裡少女經過的湄公河上漂著的浮草。少女過河時跟一個華裔富翁相遇，由此她打開了生活的另外一面。少女沒錢，身處法國社會底層，華人有錢，但在封建家族的控制之下，馬上要跟一個不愛的女人結婚，這兩個人在一起，忽然產生一種同病

相憐的相依感，他們的相處模式不像是在談戀愛，而像交換。最後少女跟著家庭被迫離開越南，船開到地中海的時候，她一個人走在甲板上，萬籟俱寂，就在那一瞬間，她突然大哭起來，她此時才明白她跟富翁是多麼相愛。最好的愛情是兩個人在一起時，根本不像在談戀愛，最後才發現是真愛，這種戀愛才是最自然的。如果兩個人有意識地去談戀愛，吃飯，約會，情人節送禮，最後順理成章地結婚，內在的東西不一定是愛情，但形式上又很像，這種戀愛就很公式化。

　　所以說人特別需要孤獨，特別需要虛靜，在喧囂的社會生活中，我們失去了虛靜的能力，天天往熱鬧的地方跑，聚在一起，歡天喜地，真正到最後，空空如也。現代人要有點離群索居的氣質，有點孤獨的能力。

孤獨的人有一種精神上的超越

　　蘇格拉底就是這樣的人，他穿著破衣服，一年四季也不換，吃得也簡單，他的回憶錄說自己吃得比奴隸還差。他跟大眾作對，天天在雅典廣場逛來逛去，遇見人就提問題。迎面走來一個紅光滿面的人，是希臘朗誦《荷馬史詩》最厲害的朗誦家，蘇格拉底問他為什麼朗誦得那麼好。那人回答說是因為他朗誦得最藝術。蘇格拉底又問：你想想你朗誦的過程，從一開始到打仗到取勝這麼漫長的故事中，是不是每個字都朗誦得非常好？那人想了想，老實地回答：特洛伊戰爭中，阿基里斯拖著赫克托爾的屍體繞城三圈，這一段特別激動，朗誦得很好，其他沒這段好。蘇格拉底說：既然你技術這麼好，每個字都應該好，為什麼其他段就比這一段差呢？問到這裡，朗誦家回答不上來了。蘇格拉底說：我來告訴你，你來到這個世界上，就是為了朗誦特洛伊戰爭這一段，這一段朗誦得好是神教你的，別的地方都是你自己朗誦，所以沒這段好。那個人一聽，不敢再自大，灰溜溜地走了。

　　蘇格拉底逢人就這樣問，這叫歸謬法，因為人活得都很荒謬，自以為是。他的歸謬法百戰百勝，很多希臘人都恨他，終於有人告發他，蘇格拉底被抓進牢裡。蘇格拉底跟別人不一樣，他本可以逃走，但是他寧死不逃。他說一個文明社會就是要講法律，現在是法律判處我死刑，法律太壞、太不正義、太不講道理，但是壞的法律比沒有法律好，所以我不能藐視這個法律，它判我死刑，我要維護這個法律。第二天，他喝了毒酒死了。蘇格拉底就是這麼一個人，他的思維邏輯遠遠超出一般人。

　　孤獨的人有別於大眾，有別於一般人，他們身上有另外一種價值。像

蘇格拉底這種孤獨，它有一種精神的超越，走出了當下的價值觀，走出了固有的體系，昇華到了另外一個層次，有了一種批判性、反思性，真正具有了人類的特性。人和世界萬物之所以有區別，是因為有思想。有思想，這個世界才豐富，才有多樣性。人類理論上應該跟自然的、生態的多樣性一樣，因為每個人的稟賦、本性、特質不一樣，一個統一的標準不適合所有人。若非要追求同一性，人只好格式化自己，在一種壓抑性裡維護集體的版塊，但整個社會如果真是這樣，就窒息了，人就被工具化了。所以孤獨的人，要跳出這個版塊，要換一種價值觀，換一種眼光，來回看生活，而這種人必然孤獨。

英國作家狄更斯小時候生活困苦。有一次爸爸帶小狄更斯去散步，走到富人區時，爸爸指著一座宅邸告訴他，孩子，你一定要努力，長大以後才有可能住到這樣的房子裡。

狄更斯 20 歲左右時，書暢銷了，也獲得了不少財富。這時他想起小時候爸爸的話，乾脆把那座宅邸買了下來。但是狄更斯寫作的時候，始終有一種平民感，他融入不了貴族社會的氛圍。每當他寫作不暢的時候，晚上就會去倫敦東區泰晤士河邊，那裡有大量的人拿硝水沖皮革，臭氣熏天，他一定要聞聞那些臭氣，聯想一下自己的童年，這樣他創作的靈感才又被激發。

有孤獨的能力，才能造福大眾

　　芸芸眾生，很多人的精神方面很局限。詩人波特萊爾跟朋友在一個咖啡館裡，他出神地看著外面的人，朋友問他看什麼，他說我看到累累白骨。他看到的活著的人其實跟死了的人差不多，沒有靈魂，沒有自由的思想。這也是今天我們這個時代的人特別欠缺、特別需要去追尋的 —— 能以孤獨為光榮，能在孤獨中跟歷史建立深度的對接，而不是在一個消費的表面、流行的表面生活。這是一個選擇問題，也是一個思想性的問題。

　　你有孤獨的能力，才能造福大眾。一個人不孤獨很難造福大眾。從某種意義上說，他只能在社會現實裡跟大眾爭奪，爭奪更多的物質、更多的資源，一個人只有在他自己獨立的選擇裡，才能為社會探索新價值，打開新通道，讓萬千生命都能獲得自己的幸福，獲得自己真正的價值。這個價值不是跟大眾對立的，它是真正在為大眾謀求更好的生活。

　　我很敬佩法國攝影師尤金・阿傑。19 世紀，攝影還是非常奢侈的事情。阿傑只有一個很笨重的照相機，拍照很吃力，他家裡非常窮，他把自己賺來的、為數不多的錢都投入到攝影裡，他一生只想做一件事，就是記錄社會。記錄的行為就暗含了崇高的價值。阿傑看到 19 世紀末法國的變化 —— 欲望的釋放、社會的變遷，所以決定要為社會做記錄。福樓拜發表於 1856 年的作品《包法利夫人》，寫女性面對世界時充滿了性的欲望，故事主角生活在法蘭西北部的小鎮，卻一切以巴黎的流行為標準，結果造成自己人生的大悲劇。阿傑看出整個社會在劇變，他要記錄它。他辛苦拍了一萬多張照片，終生只賣出去一張。但這個人多不簡單，他是那麼執著、孤獨地去做這麼一件事情。

　　美國攝影家薇薇安，她知道自己是頂級攝影家，但寧願做家庭保姆，自由自在。她胸前整天掛著雙鏡頭的相機，咔咔咔地拍。她拍的照片那麼好，但一生都沒有發表，只是把它留存下來。她甘願過這種生活，又窮又沒什麼朋友，她自覺地知道她當保姆可以自由地拍照，一輩子拍了將近十萬張照片。在她死後，她的攝影作品才被人發現，驚動世人。

　　我們做不到100％像阿傑、薇薇安這樣，但可以學習一點，讓自己的生活打開一點，嘗試做一點自己執著的事情，這樣你就跟別人不一樣了，你就開始有點孤獨了。

孤獨的巨大障礙是放不下

　　我有個朋友，大學畢業後去了政府部門，工作了一兩年決定嘗試投資，為自己定了個目標：賺 1,000 萬元，實現後就去做自由人寫詩畫畫。後來他果然賺到了 1,000 萬元，不再貪戀，來到紹興開了間畫廊，真的開始寫詩畫畫。

　　每個人都有非常好的天資，人在社會上最怕的就是這輩子被自己的雜質淹沒。很多人因為太聰明，想太多，欲望太多，把自己分解了，過得沉重不堪，身上肩負著幾十個人的欲望，羨慕這個，羨慕那個。生活如何能歸零？如何才能回歸簡單？只有回歸簡單，人才能發現自己澎湃的感受。

　　有一年我去杭州一個朋友家過春節，大年三十時，一大群人晚上一起喝酒。12 點過後，我覺得有點太熱鬧，於是出去走走。朋友家離西湖很近，不多久就走到了西湖。那天夜裡，驟雪已停，整個西湖茫茫一片，跟原來見過的西湖都不一樣，水波裡的雪融化了，遙遙望去，黑暗無邊無際。這時候我轉頭看見一對戀人走來，兩個人牽著手，脈脈不得語，又慢慢地從我面前走過去了，只留下幾行腳印。那是我看過的最美的腳印，那兩個戀人彼此心裡的話不知道有多少，但是這樣一個無言時刻肯定讓他們體會到了更深的東西。

　　今天的人太複雜，潛意識裡埋藏了太多的欲望，不能承受孤獨的一個巨大障礙就是放不下。真正孤獨的人在今天這個社會需要巨大的力量，需要非常深切的思想、深切的生命體驗。我們年輕的時候扔掉了很多珍貴的東西，到後來才發現，當年藐視的、不值一提的東西是最寶貴的。我們經常將無意義的東西誤以為寶，你只有在孤獨中、在自己的選擇裡，體會出

的東西才是真實的。

　　著名作家費茲傑羅年輕的時候追求澤爾達，澤爾達很漂亮，出身於中部的富豪家庭。兩個人談戀愛，澤爾達覺得他人帥有才但沒錢，於是費茲傑羅去紐約寫作，寫出了《人間天堂》，得到了很多版稅，兩個人又走在一起。澤爾達喜歡社交，喜歡喝酒；費茲傑羅喜歡安靜，喜歡孤獨。費茲傑羅最煩惱的是他正在寫作時，澤爾達一定要拖著他出去社交。這很矛盾。費茲傑羅很愛澤爾達，但最後兩人的生活發展成悲劇，澤爾達患上了精神病，費茲傑羅得了憂鬱症，40 多歲時去世了。

孤獨的力量

　　獨立探索最大的力量在於你要自己證明自己，因為這世界上你是最獨特的，別人無法證明你。今天我們做選擇的依據在哪裡？整個社會處在這麼一個歷史階段，誰都沒有辦法互相證明。你的依據，對和錯、好和壞、善和惡等等，都要自己來證明。這確實是一個孤獨的過程，但它也是一種回觀，我們一路不停地放下雜質，不停地尋找非常清明的東西，所以孤獨要有一種必要的精神氣質、內在氣質來支撐，如勇敢、勇氣、思想等等，還需要很大的傻氣，太聰明的人孤獨不了。孤獨需要一種單純的傻氣，天真。

　　美國作家辛格寫了個故事《傻瓜吉姆佩爾》。吉姆佩爾是來路不明的流浪兒，有點傻氣，鎮上的人都想從他那兒占點便宜。他們騙吉姆佩爾娶了艾爾卡。兩人結婚後幾個月，艾爾卡就生孩子了，吉姆佩爾覺得有點奇怪，似乎太快了。艾爾卡說，這叫什麼快，聖母瑪利亞看一眼上帝就懷孕生子了。吉姆佩爾是麵包師，天天晚上值班烤麵包。有一天晚上機器壞了，他早早回家，一開門看見床上有個男人，退出去想了一會兒，再進去男人不見了，問妻子怎麼回事，艾爾卡說哪有什麼男人，你天天值夜班，我夜夜盼望你回來。最後艾爾卡生病要死了，臨死前她跟吉姆佩爾說，你這麼善良，我不能再騙你了，這 6 個孩子一個也不是你的。吉姆佩爾說，在上帝面前寬恕妳，不要緊，妳安心去。吉姆佩爾辛辛苦苦地帶 6 個孩子，終於有一天晚上，夜深人靜時，他頓然醒悟，了解到全鎮的人都在騙他。他怒火中燒，決定把烤的麵包全毀掉，然後用自己的小便和麵糰，重新烤給全鎮人吃。他正做得起勁時，艾爾卡的亡魂出現說，你不能這麼

做，我在人間的時候不明白，到了天上才知道人在這個世界上什麼都可以欺騙，就是欺騙不了自己，一定不能這樣做。吉姆佩爾一下子清醒過來，重新做了有史以來最香的麵包。艾爾卡罪惡、放蕩，最後回過頭來變成天使，拯救了吉姆佩爾。

生活中有很多人都缺乏一種對自己的誠實，我們在有意無意地欺騙自己，用各式各樣的藉口、假設來掩蓋自己，然後讓自己無窮地退讓。我們在孤獨中需要一點上帝視角，那是對自己的審判，對自己的清理。如果沒有孤獨來幫我們實現，在喧譁與騷動裡，人人在漂流，哪有時間來反觀自己？像當年的魯迅，我們近代的名家大家，哪一個不孤獨？世界一流的作家，個個都孤獨。

比如張愛玲，她的外祖父是李鴻章，她的媽媽曾留學國外，她從小在極開闊的視野下生活，既看到了最傳統的榮華富貴和沉淪，又看到了最現代的獨立性和自由，所以日常世界對她來說，簡直是不入眼的雞毛蒜皮，所以她能說出，生命就像一襲華美的袍，裡面爬滿了蝨子。我們很多人都是從一個點進入生活，看到喜歡的東西，然後去追求。張愛玲不一樣，她從小就掃蕩了一個面，所以她看事情很淡。晚年的時候，她住汽車旅館，在外賣的紙箱子上寫作，她不是沒錢，她的銀行戶頭有幾十萬美元的存款，但她的生活就是那麼潦倒，死了好多天才被人發現。那是她看淡了、看穿了，心裡只有文學，所以寫出了那麼多完全不一樣的東西。

人人都有才華，只是很多才華被遮蔽了，每個人身上都太熱鬧。不同的時代都會給人清醒的機會，但我們不知不覺地錯過了。在今天這個越來越多元化的時代，我們需要讓自己移動一下位置，重新反抗自己，看看怎麼讓自己有所孤獨、有所進化，然後以另外一種眼光去看一下世界、看一下自己。看到那一部分我們意識不到的、隱藏的、充滿自身獨特性的

東西，然後將它們釋放出來，變成我們人生的一種創造。這就是孤獨的
力量。

談讀書

　　書和人的命運，書和人的生命，是連在一起的。

　　世界上很多有成就的人或者了不起的人，包括許多作家，都愛看書，他們在閱讀中打開使其生命豁然開朗的部分。

書和人的生命，是連在一起的

　　1973 年 10 月，我去雲南高黎貢山怒江邊的一個傣族村寨 —— 芒合寨插隊勞動。我在那裡待了兩年，至今尤為懷念在那裡的讀書生活。

　　當時怒江邊上有個紅糖廠，需要用村子的河水發電榨甘蔗。因為這個關係，糖廠幫村裡拉了電線，我所在的村子就成為附近幾個村落中唯一一個通電的。糖廠榨甘蔗的時候，機器一用力，電壓倏地就下去了，甘蔗榨過去了，電壓倏地就又上來了。晚上讀書就在電燈忽明忽暗中進行，書拿在手裡，燈暗下去了就放一會兒，燈亮起來就看一會兒，然後又暗下去了，又亮起來了，反反覆覆，放下，拿起。在這種條件下，我把帶去的兩大木箱書都讀完了。現在看來，那種狀態下讀書太不容易了，一會兒拿起一會兒放下，但其實，當時我看得極為投入，完全沒有受一點影響，一心一意只有手中的書。

　　有時候環境越艱苦，讀書就能越用心，越全心全意。現在讀書的各種條件比過去好多了，人反而不像以前那樣容易 100% 投入，這是一種心境的變化。書和人的命運，書和人的生命，是連在一起的。

　　一些很有作為的人，他們跟書都有特別深切的關係，而他們的人生可能就是被一本書點亮的，而書也伴隨他們終生。

　　人生活在世界上，交朋友的數量是有限的，一生可能也就有三五個無話不說、可以託付任何事的摯友。書也是這樣，世界上的書太多了，真正能夠陪伴終生的心靈伴侶式的書 —— 無論春夏秋冬、風雪陰晴，無論你喜怒哀樂，成功失敗，打開它，它都能像親人一樣陪伴你，帶給你光和溫暖，溫熱你的內心，這樣能夠撫慰靈魂的書，可能也就只有一兩本，但已

足夠幸運矣。

　　書也不是讀得越多越好、越廣越好，多是必要的，廣也是好的，但是一個人一輩子一定要找到自己的生命之書，那裡蘊含著你對自己人生的認知。讀書，絕不僅是一種外在的文字閱覽，也不僅是客觀的知識吸收，更多情況下，讀書就像和雪中送炭的知己交流。

閱讀是生命的答案

讀書最好帶著問題去讀。每個人成長中都會遇到很多問題或困惑，如自己的成長路徑、原生家庭、社會關係等。不同的書適合不同的成長階段，解決不同的問題，你每次翻閱它或回顧某一段落時，曾經的、當下的困惑與書中的某一旨義相遇會產生一種精神上的互相照應。

歷史上有很多人是靠閱讀重啟一段人生的，比如美國作家傑克·倫敦。《馬背上的水手：傑克·倫敦傳》中如此記載，傑克·倫敦家境貧寒，媽媽罹患精神病，他是在這樣不太常規的環境中度過童年時期的。為了謀生，他9歲開始賺錢，做過推銷員、報童、帆船水手、搬運工等形形色色的工作，甚至一度淪為街頭混混，糾集一幫人去舊金山附近的海灣偷蠔，在市井街頭歷經艱難的磨練長大。

這樣一個桀驁、不守規矩，有時候甚至靠拳頭說話的人，有一個極大的長處——愛看書，傑克·倫敦稱自己像野狼一樣地看書，任何書拿到手裡都會死命地看。17歲時，他跟隨船隻從美國西海岸到日本海捕獵海豹，在這一次航行中，他在船上細讀了福樓拜的《包法利夫人》和托爾斯泰的《安娜·卡列尼娜》，兩位作者創作的兩位女主角對愛的詮釋、與世俗的對抗，以及悲慘的結局，對他造成了很大影響，促使他成為一位小說家，這兩本書也影響了他的一生。

傑克·倫敦的《熱愛生命》為很多人所熟知和熱愛，這是一個發生在美國淘金熱時期的故事。淘金者在返程時扭傷了腳踝，在近乎絕境的冰天雪地中，同伴拋下他獨自離開，他一個人在掙扎求生中，不幸遇上了一頭同樣傷殘的狼，為了活下去，淘金者在與狼的打鬥中，最終將狼咬死，

故事的最後他到達了海邊，遇到了船隻得以獲救。很多讀者對傑克‧倫敦的這部小說和《野性的呼喚》印象深刻，其實他最著名的作品是長篇小說《馬丁‧伊登》。《馬丁‧伊登》寫的是一個愛情故事。青年馬丁是一個剛開始寫作的作家，作品不被承認，生活窮困潦倒，愛戀的姑娘也漸漸與他疏遠。突然有一天他的書廣被認可，他成了一個名利雙收的作家，曾經的愛人回過頭來找他——最深刻的愛情充滿了名望的功利性和金錢的腐朽味，世人以為的皆大歡喜使他感到極為諷刺和虛偽。這部小說是傑克‧倫敦最重要的作品。《馬丁‧伊登》與《安娜‧卡列尼娜》、《包法利夫人》大有關係，同樣深刻地表達了愛、愛的實現和愛的喪失。《馬丁‧伊登》寫出了一種悲涼性，同時也寫出了人對單純愛情的渴望，對真實愛情的期待。

傑克‧倫敦一生的經歷極為複雜，他的作品寫得卻那麼單純，這是一個很有意思的現象。讀書使人單純，而且越是經歷複雜、際遇沉浮的人，越能從中得到救贖。傑克‧倫敦曾經是個小混混，偷竊、打架，做過很多不守規矩的事，但他透過讀書獲得了成長，書籍啟發了他，他的善、他的精神追求跟一般人的理想主義不一樣，因為他知道惡是什麼，讀書和寫作使他變成一個複雜的好人。

世界充滿了簡單的好人、樸素的好人。普世價值中認為什麼是好的，他們這輩子便堅守什麼，不踰矩、不越界，在善的範圍內生活，簡單而純樸，這當然是很好的。但是傑克‧倫敦是個複雜的人，他在惡的世界裡沉浮了很久，他對「好」的追求，有著自己的高標準，他的書寫呈現出與別人不一樣的特質。從安娜和包法利夫人身上感受到的「愛」使傑克‧倫敦有了很柔情的一面。對他來說，如果沒有這兩本書，他也許不會成為一位這麼好的作家。從傑克‧倫敦身上，我們可以感覺到從惡之中長出的善，

如何讓生命更豐富、更深刻。

　　為什麼要講這個問題呢？因為我們社會的發展正趨於複雜化。一個人如果想當一個單純的好人，小心翼翼地維持自己不犯錯，並不容易。因為人一旦行動，就可能陷入各種複雜的情境中，很多時候從自己的認知出發以為是對的，但實際上卻犯了很多錯，抑或是在一些情境裡，有些人明知在犯錯，但遏制不住內心的欲望，覺得小惡可為。因此就認定這個人是壞人嗎？就要惶恐不安甚至自暴自棄地認為自己就是一個無可救藥的人嗎？不是這樣的，年輕時，要勇於行動，不要害怕犯錯。永遠不要用完人、聖賢的標準，去判斷、要求他人。現在網路上有一些人，總是揪住一些小的事件，放大再放大，有些言論甚至會被有心人利用，使輿論走向逐漸偏激、粗暴。但生活中的大多數人是善良的，相信人性本善，絕大多數人犯的錯，都在別人、社會可以寬容的範圍內。人一旦過於小心翼翼，就會把自己框得太緊，將自己像個粽子一樣束縛起來，生活乏味無趣，人也變了形。

　　我們要勇於行動，勇於前進，在行動中，要像傑克‧倫敦一樣閱讀，帶著問題閱讀，在閱讀的過程中找到自己的那份豁然。世界上很多有成就的人或者了不起的人，包括許多作家，都愛看書，他們在閱讀中打開使其生命豁然開朗的部分。

　　我再講一位更為大眾熟知的名人 —— 拿破崙 —— 的讀書故事。拿破崙是 19 世紀法國偉大的政治家、軍事家，他締造了法蘭西第一帝國。四處征戰的過程中，他將很多法國大革命的新思想帶到了歐洲各國。拿破崙實際上在世界歷史中發揮了很大的推動作用。他一路征戰始終帶著一本終生熱愛的書《少年維特的煩惱》。主角維特是一位才華出眾、熱情奔放、對生活充滿愛和激情的少年。維特並沒有多麼高貴的出身，但精神境界很

高，他看到了農民勞動的辛苦、人心的善良，也看出他們精神世界的狹隘，一輩子就在小小的圈子裡，孤陋寡聞。維特看到他們心裡覺得很可悲，他的意識、眼界高於他所處時代的發展水準，他想要追求的愛情也是不同的，是自由的愛情，最後因失敗而選擇自殺。拿破崙身為一個君主，跟維特在精神上有共通性。一方面，他看當時的世界，也是站在一個更高的視角去看，所以他要做不凡的事情。這個不凡的事無關乎日常得失，不計較當下生死，而是作用於整個社會政治層面的大事件。另一方面，拿破崙的個子不高，但是內心世界很豐富，他有過多個情人，從他的傳記可以看出，他對世界上任何一個個體都有一份柔情在，但是身為一個領袖，在殘酷的大規模戰爭中，他將內心溫柔的一面收起，對「維特的世界」寄予一種關於美好生活的浪漫期待。

我經常跟學生說，一個人一個星期至少要讀一首詩，讓心靈不斷地獲得詩歌的滋養。詩超出了我們的日常語言系統，不論語法，只說意象，利用隱喻、轉喻、象徵等修辭方法，讓我們脫離日常生活的僵化。人的思維在日常的僵化裡久了會硬化，硬化以後就會鋼化，鋼化以後就變得無情。而詩歌讓我們超越日常，潤澤我們的思想，使我們發現生活的美。

好的人生一定有一本書，代表你的精神核心，安撫你的內心免於因外界變化而起的倉皇失措，在你隨波逐流時，陪伴你度過世事浮沉，在你的心靈支離破碎時，給你撫慰和光明。一本你愛不釋手的書會成為你的精神中心，使你即使在紛亂的世界中仍舊能保持內心的自在安定。當年亞歷山大大帝帶著柏拉圖的《理想國》征戰四方，之後的 2,000 多年，一些書仍舊散發著同樣的魅力。

細讀是一種態度

世界上有的人踐行功利主義，即實用主義；有的人堅持原則主義，有理想有信念。一般而言，原則主義的人活得比較艱難。所以我們說適者生存，在社會生活中有時需要一點「善變」，變化能使人的生存空間變大，社會機遇也能變多，但自己內心一定要有個原則，要堅持，也許這種堅持有時會觸碰到個人利益甚至私人情感。讀書能堅定我們的堅持，讓人生活得有原則。

錢穆一生熱愛中國文化，雖沒有高學歷，但他的文化影響力很大。錢穆先生閱讀了很多書，對他影響最大的是《曾文正公家訓》，也就是《曾國藩家書》。他幼時看到同學拿著一本語錄體樣式的冊子，一時好奇心起，便拿來翻看，這就是《曾文正公家訓》。書中雖沒有任何童言稚語，卻吸引住了錢穆小小的心靈，第二天他就去舊書店買了一本，之後便一直帶在身邊。錢穆在其作品《人生十論》的序言中曾提到此事。有一段時間他在小學任教，依舊每天閱讀不斷，某天他在走廊裡看東漢書，坐在陽光下，隨意翻看時，忽然想起《曾文正公家訓》中的一段話，一個人看書一定要有恆心，要從頭看到尾。一本書之所以珍貴，一方面是書本身內容的價值，另一方面就是對人本身的修煉。一本書，一本重要的書，如果從頭到尾細細地讀，細細地看，有些地方不一定看得懂，有時候不一定愛看，但會培養自己一種始終如一的精神，一種恆心，一種內在的完整性。錢穆想到這裡，便立刻決定從自己手中這本東漢書起，以後看書都從頭到尾一字一字地細細看，後來他也真的養成了逐字逐句讀書的習慣。這件事對他後來成為一個學者、史學家、思想家起了至關重要的作用。

　　這個故事提醒我們，讀書可以幫助我們確立並堅守原則。如果沒有書來支撐，僅靠偶爾自省，人有時候不一定能堅持一個原則，堅持你的人生價值。你的書在那裡，它就將一直提醒你要持之以恆。

　　很多人年輕時看到一本受鼓舞的書會很激動，立志將來要做個什麼家，彷彿看準了人生奮鬥的目標。以我為例，我小學時看了一本關於現代航天之父──俄國康斯坦丁・齊奧爾科夫斯基的書，激動萬分，發誓以後要當太空人，還進行了類似離心機抗暈眩練習，現在回想起來當時的熱情早就不知道什麼時候被時間的河水澆熄了。

　　人一生的時間很短，要真正做一件事，時間總是不夠用的。我拜訪過王蒙老先生，王老現在 80 多歲了，他說他這輩子最大的遺憾是做了太多的事。他的意思是做的事太雜了，沒有好好地把一兩件簡單的事，比如說寫作，單純地堅持下來，他自覺沒有做出應該做的，沒有完成應該完成的一些事情。當然王老也熱愛生活，人生過得很豐富。聽了他的話以後，我很慚愧，我有時在做事中會斷線。每個人做事有太多的中斷，過著過著就丟了堅持。錢穆始終如一，《曾文正公家訓》對他來說是一個一輩子的支撐。

書籍打開人的靈性

我們人生中特別需要一本這樣的書，它能打開你的靈性。

何為打開人的靈性？每個人的基因中都有原始人的生存密碼，原始人沒有那麼繁雜的知識體系，最突出的是直覺和想像力，他們認為打雷、起風這樣的自然現象背後都有超自然的推手，他們創造出了很多神。我們看《神隱少女》，驚詫於那個擁有無邊想像的世界。在現代社會，我們的大腦越來越理性，越來越知性，天然的想像力，如神話般造就生靈的想像潛質發揮不出來了，我們的生活過得太合理性了，限定了自己的想像邊界。

而書能幫我們打破這樣的邊界，特別是小說一類，你的內心會隨著文字跌宕起伏，時而緊張、時而放鬆。對未知的渴望以及內心的澎湃甚至會讓你一度懷疑自己是個傀儡，生命不歸自己支配，比如閱讀諾貝爾文學獎得主賈西亞·馬奎斯的《百年孤寂》（20 世紀重要的經典文學之一）時，人會情不自禁地沉浸在故事的氛圍中。

馬奎斯年輕時喜歡寫作，但他一直覺得自己寫得不好，直到有一天看到卡夫卡的《變形記》。馬奎斯的自傳《活著為了講述生活》中說，看到《變形記》，他馬上就跳起來了，「原來小說可以這樣寫」。從此以後他寫小說就放開了，自由了。人，特別是作家，當他在某一瞬間獲得內心的解放後，會打破以前生活中養成的習慣和認知，比如說語法的局限，主謂賓語如何使用的習慣，突破作品千篇一律的魔咒，讓作品本身的靈魂舞動起來。文學語言是自由的、沒有語法的，循規蹈矩寫出來的是語文，不是文學。所以馬爾克斯看到《變形記》時極為高興，後來他又驚喜地讀到了英國作家維吉尼亞·吳爾芙的意識流小說《戴洛維夫人》，他的時間感、心理

空間全部被打破，這兩部作品對他後來的寫作影響極大。

日本小說家村上春樹也說過兩個對他影響極大的作家 —— 費茲傑羅和雷蒙‧錢德勒，他們分別是《大亨小傳》和《漫長的告別》的作者，費茲傑羅的小說中充斥的悲傷性和音樂性，對村上春樹影響很大。但村上春樹大學畢業以後並未開始寫作，而是開了一間酒吧，直到28、29歲時，他觀看一場棒球比賽，一個外國選手打出了一支非常漂亮的二壘安打，就在那一瞬間，他的心靈彷彿也被擊中，突然之間他湧現想要寫作的衝動，他想他生命中最重要的應該是寫作，於是第二天村上春樹就開始寫作，最後寫出了《聽風的歌》等作品。

人一定要讀書。如果村上春樹沒有閱讀累積，他看的那場棒球賽哪怕有再多精彩的全壘打，他的心裡也不會有剎那的觸動。這就是好書的作用，它在你心裡埋下一粒種子，埋下一種「打開」生命的可能。所以說生命中需要閱讀，需要一本能夠「打開」的書。

我喜歡去福州路的上海書城，每次進入書城，我感覺自己看到的不是書，而是一個一個鮮活的生命 —— 伊索、莎士比亞、雨果等等。在那裡，你跟什麼書相會，作者的聲音就會傳到你心裡，當然，不是每個聲音都能打動你的心。但這就為你埋下了無限多的可能性，或許有一天「一個棒球」就突然打開了這種可能。

閱讀會創造人生的另一種精彩，我們很多的潛在價值都是在閱讀中慢慢累積、悄然形成的。每個人都有特別的天賦，但真正能夠將它發掘並實現的並不多，我們很多時候就是缺少這樣一種「芝麻開門」的點醒。閱讀，閱讀合適的書，可能就是開門的那把鑰匙。

對我影響很大的一本書，是蘇聯作家高爾基的《在人間》。《在人間》是一部長篇小說，現在很多年輕人覺得它是現實主義文學，很少有人看

了，但這本書對我影響很大。「文革」的時候，學校不怎麼能保證上課秩序，我就去新華書店學習，當時新華書店的書大部分都是紅色經典。高爾基是無產階級作家，所以他的書《在人間》能上架。《在人間》描述了非常多的普普通通的社會底層人民，主角在底層流浪時，遇到了廚師、鍋爐工、妓女、僕人、麵包師等形形色色的人，這些人多數很貧窮，言語粗魯，但這本書的可愛之處就在這裡，它寫出了人性的善良，那些人的樸素，那些人的悲憐，所以直到現在，我仍然會不時拿來重溫一遍。

現在的教育，或者說主流思潮，太重視「馬太效應」，更多的關注點放在了「塔尖」，比如說頂尖的科學家、著名的作家、高考的狀元、奧運的冠軍、一線的明星等等，我們的視線都向上集中在金字塔尖的那部分人，但是與我們視線平行的那部分人才是社會堅實的基礎。比如我們乘坐高鐵經過的一個個隧道，隧道當然是某個設計學院的高端人才設計的，可是真正建設時也離不開那些普通的技術員工。

我們對普通人也應該懷有感情，金字塔越往底層基數越大，我們的感情越往底層反而越稀薄，有些人習慣性地將人分為各個階級，所以我們迫切地需要提升社會情感，迫切地需要在人和人之間建立一種有溫度的感情。如何實現？陌生的人如何能無礙溝通？人有被尊重的需求，情感要從尊重開始。所以讀書，讀一本好書，一本《在人間》這樣的平等之書，能讓我們加深對人的理解、對世界的理解。

書寫是讀書的試金石

讀好一本書，最好的方法是寫書。只有在書寫的時候，我們才能發現一本好書的誕生是多麼不容易。有時候我們看小說，總會挑問題，覺得沒有文采、故事轉折生硬等等。但當你嘗試下筆時，你就會發現問題、困難接踵而至。人物怎樣才能樹立、性格怎樣呈現、故事衝突怎麼設計、情景轉換如何流暢等，我們的感受、想像力、語言表達都會接連出現問題。哪怕寫一本旅遊書，你也會馬上發現需要學很多東西，需要閱讀非常多的書，需要有深厚的累積才行。所以想要深入地讀書，首先就是要試著寫書。去旅行時，很多人只是在內心感慨異域風情，拍拍照就結束了，其實完全可以嘗試把當時的感受訴諸筆端。

2018 年我出版了一本書——《那朵盛開的藏波羅花：鐘揚小傳》，鐘揚老師是復旦大學的植物學教授，堅持在西藏收集種子 17 年，為人類開拓未來。從上海到西藏，人體感受到的氣壓降低了 30% 左右，鐘揚老師在西藏期間經受了高原反應的各種考驗，身體各個器官都叫囂著不適，本來苗條的身材也因為一直補充熱量變胖了、變壯了，單就這一點獻身精神，我就非常敬服他。寫小傳時，我必須去了解當地的植物群，需要看書，還需要了解西藏的人文、地理、歷史等。寫小傳的過程，也是我深入學習的過程。

2017 年秋天開始準備寫鐘揚老師小傳的時候，我去西藏採訪鐘揚老師，他的堅毅、他的理想主義、他對植物多樣性的熱愛精神，以及他和藏族人民間那種樸素的感情，都給我的內心帶來了很大的震動，讓我以一種新的眼光看世界，不是功利性的衡量，也不是耗費心智的思量。這樣的交

流和認知對我寫出小傳並理解世界，都有非常大的幫助。

　　人活於世，如果只依靠大腦的智慧生活，我們可能會在物質世界活得很好，活得聰明，有自己的房、車，可能在職場上有強大的競爭力，但是人終歸需要一點精神的東西，需要靠心去生活，靠心生活能跟世界建立一種更真實、更神奇的連繫。我們來世界走一趟，怎麼才能真正體會這個世界，真正拓展我們的生命？我覺得可以試試讀好書，試著寫一寫書，如此，才會發現自己內心的渴望。

我們的讀書時代

現在我們社會迎來了一個真正的讀書時代，為什麼這麼說？因為過去只有極少數人接受教育，讀得起書。舊時代的人貧困交加，絕大多數人是買不起書的，識字的人也少。

現在我們已經成為小康社會，步入了中等收入國家的行列。倉廩實而知禮節，衣食足而知榮辱，大多數人完全具備了看書的經濟條件，可以豐富自己的精神世界了。但是，找到一本好書，找到點亮自己生命的那本書，還需要一個尋找的過程和時間，大多數人的時間也已然被生活、工作填滿。

繁忙的生活，我們的情緒有時候也需要宣泄，需要為自己尋找一點寬慰，在空閒的時間瀏覽一些碎片化的資訊來放鬆也成了必然，這就讓閱讀和時間產生了衝突。雖然有了相當的經濟條件，有了豐厚的資源，全民閱讀量卻打了折。閱讀是必要且必然的，所以我們更要在與時間的賽跑中讀一本好書，啟動我們全部的能量尋找到屬於自己的那一本生命之書，細細地品讀，把它當作朋友，讓它伴隨你走過一輩子的旅程。

在尋找自己生命之書的過程中，我們要帶著問題去讀書，當你帶著疑問去讀、去尋找答案時，自我的感受會更深刻。把自己沉浸在書中，你獲得的不僅是純粹的知識，更是一種雪中送炭的力量。如果你沒有帶著問題意識去讀，你就不可能像前面講過的錢穆、村上春樹、傑克·倫敦等作家有那麼深刻的體會。一本書烙印在你的心裡，是因為你心底有那個問題，它與你有一場精神層面的對話。

要像古代人尋寶，像古希臘人尋找金羊毛一樣去找書、看書。讀書要

趁早，早點讀到生命之書，你的生命內涵也會不一樣。有些書你可能一開始不懂，甚至一輩子也沒辦法徹底明白，但在這個探尋思索的過程中，你會收穫良多。

怎樣讀書，讀什麼書

　　我個人比較推薦愛爾蘭作家柯姆‧托賓的《布魯克林》，還有丹麥作家凱倫‧白烈森的《遠離非洲》。有些書要有一個尋找的過程，剛開始閱讀時你可能抓不住它的神韻。我小學時讀《紅樓夢》，覺得它太無聊了，整天談吃，發作些無聊的苦，但後來再讀我才知道，寶玉是那麼溫暖的一個「石頭」，來到人間，體察人間的冷暖。

　　我們每一個人就像一塊石頭，孤獨得很，在人世中遭遇各式各樣的起起伏伏，石頭上漸漸寫滿了字。這塊石頭上的這些字是不是一本小說？這輩子寫了些什麼？最後這塊石頭回歸了自然，又寫滿了什麼呢？這是我們讀書時需要有的思考。

　　有個朋友曾問過我一個關於小說閱讀的問題，他說美國作家卡佛的小說，看了幾遍也沒看懂，小說應該如何閱讀呢？我覺得可以用傳記梳理的方法，比如讀珍‧奧斯丁的《傲慢與偏見》，我們要看她從小到大是怎麼成長的，她在生命的什麼階段寫了這本書，她遇到了什麼問題，她為什麼寫這部小說，裡面的人物是一種怎樣的現實投射。書是從作者生命中衍生的，珍‧奧斯丁終身未婚，20歲出頭時就寫出了《傲慢與偏見》，當時這個年紀的英國女孩子大多都結婚了，她，一個未婚女性面對生活有很多疑問。女主角伊麗莎白在小說中就表現出了一種對愛情的探尋，所以看小說要看作者的傳記，這是其一。其二是了解作者當時生活的社會環境為什麼會催生《傲慢與偏見》這部作品。英國工業革命之後，大量工廠出現，更多的工人湧入城市，城市越來越擁擠、生活環境越來越差，英國貴族開始遷居鄉下。貴族的生活習慣如舞會、讀書會、音樂會等文化形式傳入鄉

村，為鄉村帶來了一些新的文化、新的元素，鄉村的人吸收接納了這些新的知識、新的藝術、新的觀念，文化的落差被慢慢拉齊。《傲慢與偏見》中出現了鄉下原來沒有的讀書會，傲慢沒有了道理，偏見也沒有了道理，這是當時社會發展的一個縮影。所以要讀一點社會史，了解一本書出現時的社會背景。另外我們也需要了解一些當時其他的文學作品，這樣可以了解一部作品與它前後期的作品有哪些不同、發生了哪些變化，這樣我們才可以發現它的價值。比如，閱讀小說就可以從作者的傳記開始，知道作家的生活經歷、當時的社會背景和文學背景等。

讀書是很需要下功夫的，真正讀好一本書，不是拿到它以後，只看這一本，而是要把與它相關的一系列書都通讀下來，然後你才能說把這本書讀好了、讀透了。

談生活

　　未來引領社會的人，不會是單向度的人，而是有複雜性和豐富性的人。

　　年輕人一定要思考世界再往前走會出現什麼可能，要多看一點書，查一些資料，給自己一個超前性的定位。不要自己還是春天，卻忙得像秋天，想要結果。現在的年輕人首要考慮如何開出自己的花來，哪怕是一朵小蓓蕾，足矣。

年輕人應該擁有怎樣的生活方式

現在的年輕人結婚後，房子一買，生活基本上就定型了，進入了固定的模式。所以，你會發現年輕人生活得比較粗糙，上學、工作按步就班，生活一成不變。社會在不斷變化，但他們始終沒有形成自己的生活方式、生活結構、生活內容。生活是變與不變的結合，要有一種均衡的、理想的美感。

比如，生活中喜歡遊歷的年輕人，需要怎樣的漫遊空間？

他看了很多電影，是不是也可以去法國里昂的劇院看看？噴泉的外面有噴泉，噴泉裡面有五匹馬拉著車，拉的是很著名的角色，有很有意思的故事背景。這首先是一個理想，然後化為行動，去當地感受一下風景。這樣一來我們對生活有了很好的期待，又形成了非常好的藝術基礎。

現在的年輕人過早地把自己固定了，一開始想上什麼學校，畢業後想找什麼工作，買什麼房，從事什麼工作，魔術方塊般的人生還沒開始運轉，自己就先固定了一個模式。但隨著社會發展、科學發展，全世界不斷出現新因素，於是造成了人的流動。流動本來是打破階層、區域、距離的正向的事情，但另一方面，流動的方向往往也呈現出未改造的樣子，還是像封建社會、農業社會等級制一樣的，人們只想置身於更上游的生活，於是流動本身無法形成積極的、巨大的效果。如果人在流動中有一種去尋找世界、尋找自己、創造新生活的感覺，那就不一樣了。歸根究底，以前作為個體的人，他們的目標是由家族、父母、國家來定，自己不定目標。

未來引領社會的人，不會是單向度的人，而是有複雜性和豐富性的人。這種人更清楚自己要尋找的生活方向。將來的社會肯定有一批終於意

識到世界之大、生活之豐富、自己還有很多嚮往的人，這群人更有力量。

人生還是要有一種成長。現在很多年輕人不敢談戀愛，怕戀愛談不好，結婚結不好，將來要離婚。但現在要樹立離婚的積極意義，這樣一大批人才敢結婚，因為結婚的目的是了解婚姻關係，結婚好與不好都是自己的一種成長，然後投入更加開闊的生活。在將來的社會環境中，如果人勉強在一起，很麻煩，但是不結婚，又好像缺少一點什麼，不如乾脆增加對離婚的了解。只要勇於結婚，勇於離婚，那麼結婚便是去探索一種更加豐富的生活。

我們的社會在這個時期特別需要一些優秀的離婚人，因為他們更深刻地理解生活。現在我們普遍把離婚定義成有些悲傷的事，但其實不是，關鍵是要離得快，這時候還年輕，互相之間還有很熱烈的討論，如果像以前的傳統一樣，一直殘破下去，就會把生命的熱情都消耗掉。

唐朝的時候，婚姻比較自由。唐朝之前是大亂世，李家本身有遊牧民族的特質，婚姻的再組合從皇家開始，自上而下。到了宋朝，婚姻開始嚴苛。宋朝人總結唐朝的教訓，覺得唐朝人太無恥，沒有底線，於是建立起道德威信，「理」至高無上。

以前的人繼承上一代的婚姻傳統來生活就行，現在這個方法行不通了，下一代人不知道根據什麼往前走，於是生活失去了最基本的框架。

這代年輕人基本上不受影響，他們的迷茫比上一代大很多。上一代人受到整體規範，個人的選擇性很低，現在時代給了年輕人選擇，但他們還不知道該怎麼用。

傳統社會的特點之一是為人設立統一的目標，以分階段的方式將所有人向同一個方向整合。而年輕人所面臨的問題則是，當他們不再需要去實現這個統一的目標，手中握有選擇權時，他們接下來該怎麼辦？

　　全球化的好處是，可以看到全世界各式各樣的活法，不光是物質生活，還有文化生活、藝術生活，形形色色，社會絕對不會是一個封閉空間，它會權衡如何發展。在這樣的情況下我們就需要學習，比如一個人適合去印度，要對印度的歷史、特性有直觀的感受，去了互相之間就有交流。

　　但是現在經濟發展程度還不夠，一個人的空間移動性、全球化能力還比較差，但再往下發展 10 年、20 年，每個人的能量跟全世界有更進一步的連結，那時候就會對世界造成很大的影響。因為帶著錢走出去誰都歡迎你，以前出國留學都要靠獎學金，將來不一樣，將來都是富裕社會的人，出去之後能有新的價值，可以幫助人，比如幫助非洲人去發展特有的原始文化，歌舞、美術等。

　　歐美為什麼領先？因為工業革命後，蒸汽機普及，人們可以渡海到處跑，去美洲、印度殖民，發展力量很強，但野蠻性也很強。現在我們正好處在文明發展的階段，代表人類現代的水準，富裕強大起來之後，怎麼向全世界拓展？這是個新課題。

　　現代的年輕人，因為內捲、聚集效應，在社會上的生產價值是非常有限的，如果移動一下，就不得了了。比如往南美洲走一走，祕魯有一種羊駝，經濟價值很高，絨毛、肉都可以利用。這種羊駝很溫馴，可以飼養，而且非常保護生態，吃草只吃上面，不吃根部。但是這種羊駝一年只能生產一隻小羊駝，當地政府很珍惜，禁止大量出口。我們引進了幾批，一批在山東，一批在新疆。

　　所以我們的社會現在缺乏的是多樣性，如果能真正走出去，就會變成世界人，腦袋裡聚合的東西多了，創意自然就出來了。

　　如果在本土生長，就只是單向遺傳，樹就只是樹，如果能多向嫁接、

雜交的話，就不得了了。年輕人一定要放眼全球，在未來20年、30年的大視野下蓬勃成長。以前我們嘲笑土財主，再過20年，現在這些蠅營狗苟的人也會被將來的人視為土財主，被嘲笑沒有抓住那麼好的全球化時機，過得那麼局限。

如何打開年輕人的世界

年輕人要打開想像，去換一種活法，但這只是起點。因為從這個起點來看，可以看到很多妨礙年輕人成長的東西，年輕人整天加班，他的時間被剝奪了，人家本來應該去談情說愛，去看書，你把他關在那裡，剝奪的不僅僅是時間，更是精神成長、聚會、社交，這些形形色色的人生體驗。年輕時期正是人的大腦發育、情感發育、想像力最好的時候，現在剝奪一年，等於剝奪十年，以後用雙倍的努力也彌補不回來。有能力的老闆，能在 8 小時內提高效率、優化企業，發掘出創意，如果企業文化不行，只能靠增加工作量，把青年當機械工具使用，那就毀了年輕人了。

好老闆應該輪流去周遊世界，每年兩三個月，把好的感受帶回來，要培養自己為青年著想的社會意識。這要向國外的優秀企業家學習，比如松下幸之助。二戰的時候，消息封閉、人民愚昧，但松下幸之助發誓要讓每一個日本人都有一臺收音機。他以此為追求，為了使收音機平民化，不斷優化設計，最後真的推動了整個日本社會的發展。

現在這個時代如果有企業家發奮讓每一位人民都能看到世界上最好的故事、小說、藝術等，那麼，好多事情就可以考慮了。比如，架設電子化的國家圖書館，致力於傳播，讓每個地方的人都能享受到優質的閱讀。這也是這一代年輕人的用武之地。現在的市場有很多沒被滿足的服務和缺口，有的缺一公里，有的缺幾十公里，有的缺幾百公里。社會可創造的文化空間很大。

接下來的 20 年、30 年，社會會往這個方向發展，以前可能談不上充足的文化發展，因為經濟發展沒到那個程度。但這一代年輕人被住房壓住

了，他的一大半資產都在房子上。下一代人有房子了，接下來要做什麼呢？一定是更重視文化需求、精神需求。

再微小的人，也想要有點價值感，但是人民的文化素養普遍不足。現在大量的精神需求，沒有很好的東西去兌現，大家都是在用過去的一套文化表現來傳遞，創新的部分太少了。

社會最根本的東西，並沒有被探討。比如，該怎麼生活？很多日本電影會有很治癒生活的內容。比如《海街日記》、《小森林》，表面上看起來很瑣碎，但實際上是在思索到底要過一種什麼樣的生活。生活本身要從細節裡去挖掘，電影裡沒有突然買一個很大的、豪華的東西這樣的情節，都是講樹上的梅子長大了，板栗熟了，生活裡的一年四季，人和人之間情感的失去和找回。

我們的青年非常需要一場頭腦變革，觀念變革，對於生活要有新想法。這需要社會中間組織和公共空間，像西方社會，出版社、大學、各種沙龍、咖啡館，都是中間組織，人在這個空間裡有自主性。西方的咖啡館是藝術家、思想家的聚集地，它的門檻不高，三教九流的人都能進，形成了很多話語空間。在上海，咖啡館有 7,000 多家，看起來很多，但裡面的文化生產內容很少，大部分是消遣。

公共空間是個大問題。像大學系統，越往上的層級，越從全局考慮，難免忽略個體，但從他們的角度看，這也能最大限度地減少阻力，減少消耗，集結眾多的人來生產高科技產品。

這就是國家和社會的矛盾。國家有它的追求，但是社會有它自身的發展。如果兩者有共同目標，上下一致，相處和諧，這樣會非常好，如果不一致了，社會會衍生各種差異化需求，然後演化成利益衝突。

現在大多數人有情感焦慮。如果換個角度看，我們不認為得不到是一

種失去，而是每談一段戀愛，都對前任有一種深深的感謝和祝福，這種思維方式也許可行。

　　這個問題在以前談沒有用，社會、生活沒發展到那一步，現在可以談了，雖然還不能廣泛地去實行。

　　世界正在經歷一場大變動，這一代青年會面臨各面向的生活、大世界，這是一個前景，但過程為什麼還是那麼艱難，那麼焦慮？九九八十一關，到底要過幾關？這需要分類，包括情感的、事業的，形形色色，怎麼去理解它，怎麼去度過它。每過一個關卡就成長一大步，學會了放下，就忽然一通百通了。就像很多人家裡儲存了很多東西，買的時候覺得非常需要，結果買回來好幾年不用，生活也不受影響，但是扔掉又捨不得。我們就處在這樣一種夾層狀態，所以就更加需要培養選擇的能力、放下的能力。

　　從婚姻關係來說，要提倡歡歡喜喜地結婚，高高興興地離婚。表面上看從一而終是一種美德，但實際上從另外一個意識層面說，是希望每個人擁有風平浪靜的生活。

如何理解年輕人的力量和軟弱

年輕時其實是人最有衝勁但也最軟弱的時候,這個時候沒什麼資源,面對整個世界的廣大未知領域,感到特別無助,但另一方面,他也有那麼多的時間,那麼多的可能性,可以做各種事,事情做得多了,累積了經驗,也就有了見識和見解。

年輕人要看到自己最大的資本,是時間站在他這邊,可以看到時代在變化,空白不斷地展開,裡面還有很多的可能性,而不是在現實空間裡找個固定位置,因為可能性是展開的,可以預知性地學一些東西。所以年輕人一定要思考世界再往前走會出現什麼可能,要多看一點書,查一些資料,給自己一個超前性的定位。不要自己還是春天,卻忙得像秋天,想要結果。現在的年輕人首要考慮如何開出自己的花來,哪怕是一朵小蓓蕾,足矣。

社會角色,在西方經濟學裡,一部分人是企業家,一部分人是管理者,這兩部分人是有很大差異的。企業家是去創新,去實踐,管理者是把一切形成的東西充分合理化、效率化,去除那些自我矛盾、消耗的部分。大航海時代,像哥倫布屬於企業家類型,喜歡去闖蕩,而我們傳統的培養模式,其實是朝管理者的方向培養,而不是朝企業家的方向去培養的。農夫不需要去闖蕩,只需要種地多花力氣,按固定流程,所以歷來沒有面向未知,沒有創造奇蹟。

這一代年輕人絕不能只看眼前的東西,一定要定位自己,要往前看,這輩子我到底要過成什麼樣?

其實每個年輕人身上都藏著太多好的東西,但是這些好東西現在還沒

變成自己好的意識。我們對資源的需求大，比如現在好大學數量有限，能上好大學的人只占少部分。處在這樣一個發展時期，人怎麼發展出自己的力量來？

社會發展在經濟、政治、文化很多方面是不均衡的。如果社會要獲得高度發展，人一定要有相應的專業性，因為現代社會是專業社會，專業一方面是要有系統的知識，另一方面要對當下有敏銳的觀察和分析，這樣的人才真正適合。

現在的年輕人要有一個觀念，隨著社會發展越來越快，如果不從固有觀念中擺脫出來，就會越墜越深，人生沒有那麼輕鬆，要對自己有承擔重任的要求。所以走在街上，再艱難也給別人一個微笑，傳遞一點溫暖。一點溫暖傳遞出去，人會收穫更大的溫暖。這個世界真正的惡人，是自己處在焦慮中，也給他人帶來焦慮。好多人覺得人生這麼僵化、這麼艱難，我憑什麼要去關心別人，哪有那個餘力？越是這樣，人越會漸漸淪落到黑暗的心境裡，這對自我是一種消耗。

我們幾十年來，最失敗的是社會感情，這是必然的。為什麼巴爾扎克寫那麼多的金錢至上？因為那個時代的轉換，是從傳統社會的溫情脈脈轉換到每個人要建立自己的利益主體上，跟別人必然是一種競爭、擠壓的關係，誰控制更多的錢，誰就有力量。巴爾扎克分析，錢能讓瘸子跑起來，能讓瞎子的眼睛大放光芒，什麼奇蹟都能出現。這是資本主義的「惡」，但另一方面我們也要看出「惡」對社會生產力的積極推動作用。惡也是推動力，對金錢的渴望，推動資本去不斷改善自己的生產，提高效率。資本主義的「惡」無形中對於生產力有巨大的提升。

19 世紀後期，很多作家開始批評工業化，批判金錢。現在是第四次工業革命階段，在此之前，先是蒸汽機，後來電氣化，再進入電子化，一波

又一波，有的痛苦是屬於蒸汽機時代的痛苦，原始累積的痛苦。

我們的社會現在是一個疊層社會，全球化階段，各種形態蜂擁而至。我們既有農業社會的狀態，沒有特別專業的技能，沒什麼大的競爭力；也有工業化時代大量生產的艱難。每個人再糾結也要搞清楚自己的痛苦屬於什麼痛苦。這裡面會分出一種價值層級，因為生命痛苦的層級不同，有的痛苦有很高的價值，比如開公司實現創意，創造一個新東西或者新產業，這時候人雖然很痛苦，但屬於高級痛苦。有些痛苦值得自豪。

但是不能把痛苦變成惡，因為結論的痛苦很容易變成恨，變成惡。要把抱怨、排斥、敵對變成一種善，有內核的善，比如企業發展中對高層工作有強烈的需求，但是你目前只能承擔基層職務，能力還不夠，這時候就容易產生焦慮。但這個任務是要自身去提升、轉化，如果門是開著的，你沒去努力，那就是你自己的問題。現在很多出現的問題都是故步自封產生的。

從人的成長來說，首先要探索世界，打開世界，進行遊歷，有一個精神漫遊的階段，這期間你對世界各式各樣的認知會超出你的想像。年輕人要有一種既在其內又在其外的狀態，做一個旅行者。

生活的壓抑感，其實是累積起來的，我們要以一種微笑的態度去看待生活中的事。

在大學餐廳吃飯，如果細心觀察的話，你會發現人的性情各不相同。有的人剛拿起筷子來，嘴巴立即張開了；有的人將飯送到了嘴邊，才慢慢地很優雅地抿進去，從中我們可以看出人的各種性格，很有意思。每個人不能要求世界跟你一致化。世界就是千變萬化、千姿百態的，但很多人覺得世界怎麼不是自己想的那樣。因為不一樣，世界才豐富。人生要經歷很多起起伏伏，之後才會醞釀出一個大變化，像李叔同，他前三十幾年風流

個儻，人生後半段時轉變了。

每個人都有一種生活狀態，一方面自己在活，另一方面還有一隻眼睛在看自己，這樣走著走著，說不定就會發生一個很大的變化。

年輕人到一定階段，就開始認知自我。這時候就會有一個選擇性問題。要什麼價值，跟什麼樣的人共事，做什麼事情，什麼最幸福，跟什麼人在一起生活，跟異性、同性，還是跟自己，建立起一種什麼樣的生活方式，在哪兒生活……於是，一切就開始有了計畫。

到最後，人才會慢慢達到一個新境界，了解生命。萬千生命，不光是自己，還有其他自然眾生，它是那麼廣闊、豐富，珍惜每一個生命，不光是珍惜自己，還要看到這個世界有大量讓你心疼、心喜的東西，去做點呵護生命的事情。到最後你會發現自己因為為別人做了點溫暖的事而感到非常幸福。

初期階段還屬於自我階段，但是如果真正達到無生無死、不悲不喜、從容的境界，生命的重量就是在大生命的、眾生的溫暖裡。

如果從生命的角度衡量，生命的價值或者生命的內容完全是看你能從這個世界得到多少溫暖，但前提是你給予別人溫暖，世界才會用溫暖來回應你，你的目的不是得到，而是你的生命本身有這種價值。

好多人一輩子第一步都沒走，整天局限在自己的小房子裡，世界是什麼樣的，完全不知道。

我以前不是一個很聽話的學生，在人群裡，又在人群外，有時候跟這個世界，不是感情上的距離，而是很喜歡把人類看成一群和牛、馬、飛鳥一樣的物種。世上的人，有那麼多的願望和活法。他們上下汽車的時候，是站立的，開車的時候，又像四腳在爬，很有意思。

年輕的時候人對很多事情不能理解，有很多既定的或者繼承下來的東

西，但生活往往突破了你的理解。有時候愛一個人就是這樣，原先在自己的標準裡是絕對不能接受的，比如身高、學歷，或者某些方面，但是突然遇上了一個人，莫名其妙就放不下，之前不能接受的東西也能接受了。這都有可能。

人生就是這樣，現在糾結、痛苦，可能忽然有個契機，有些東西就替代它們了。圍棋在唐朝時傳入日本，他們一開始先手落子，都放在天元，正中處，忽然有一天，下棋人感覺不需要遵照原先的習慣，先手隨便放哪裡都行，這下引起了太大的變化，圍棋不再因循一個定式了。回過來說人生，有時候我們給自己一個定式，每一步都要走在天元，不是天元不行，但是其實每個地方都可以打開你的人生，可以帶來完全不同的變化。

這個時代，年輕人生活的可能性比前幾代多太多了。前幾代人物質生活差，整個社會的經濟、科技都尚未發展，只能是一種大集體式的、像羊群結合起來的模式，但現在不同了，個體自由了，當然，個體有了自由後，很多時候沒辦法保證自己的選擇是對的，所以又無從選擇，自由反過來變成一種限制。

年輕人要如何面對變化

現在年輕人缺乏一種嘗試性，總是等著被安排。很多人有一個迷思，世界怎麼不符合我的想法？但世界哪是為你設計的？你出生在這個世界上，是你來到這個世界，世界不是因為你來才被創造出來的。

所以人要有一些改變性的行為，比如去擺個地攤，去書店、寺廟當義工，這種機會遍地都是，但年輕人太缺乏主動性了。我很提倡學生畢業後有幾年「啃老」時間（當然是父母經濟條件允許的前提下），去遊歷，去尋找自己的生活，社會應該給年輕人提供這樣的條件、空間，父母也應該鼓勵孩子有這樣一個探索的過程。

有的人去河西走廊做人文考察，或進行實地探險，他們覺得這樣的生活很有意思。我旅行途中見到有個女孩子看到很美的景色，顧不得自己穿著漂亮衣服，趴在地上就開始拍攝，臉上洋溢的就是幸福的笑容。

現在年輕人的生活銜接得太緊，父母希望孩子一畢業就找到好工作，趕快結婚，趕緊生孩子，於是他們喪失了很多機會。父母是上一個年代的人，他們的生活幸福觀是那個年代形成的，但是下一代人的前景不一樣，他們生活在一個跟父輩不同的年代，我們不能讓孩子喪失他們的未來。

如果很多家長想不通，也不要急著讓孩子去找工作。過3年再考研究生，這個時候他回到學校，會大不一樣。以前我們學習，都是規定好了一個目標閉門學習，人去社會上遊歷之後再回來，這時候才真正知道自己為什麼要學。

女大學生或者女研究生，她們在剛畢業到30歲這個時間段，整個社會環境都逼著她去成家，將她們往這條路上趕。她學了那麼多年，這個階

段正是她成長，到社會上體現自己的價值，去做一個專業人的時候，卻被壓縮到一個框架裡，被告知女孩子嫁人最重要。那她此時的生命消耗，即使後面再補，也補不回來了。

有些女性覺得自己是女孩子，很弱，而男性強，所以需要被呵護、疼愛、包容。很多女生淪陷，就是在這裡，因為有這種意識，在該專業發展的時候，該努力嘗試開拓的時候，她們卻忙著去化妝，去討人喜歡，喪失了生命的內在成長。所學的知識，沒有內化成一種精神。

一個好的人生，既在水裡，又在岸上。女性很多時候是生活在水裡，能感受到溫度、水流、水草的方向，對於各方面有真切的感覺，但是就像吳爾芙說的，她們缺乏空間，缺乏對世界廣闊的認知。男性很多時候是生活在岸上的，他們有獵人本性，期望在大空間裡到處去尋找、打獵，他的空間感很強，但內在的體會就沒有像女性在水裡那麼細緻。人生最好的狀態，就是兩種滋味都能體會到。

莊子說的豈知魚之樂，講了一種關係的阻隔，人不知魚之樂。但隨著人類發展，很多方面交互串聯，在新的創新產業，美術、音樂等方面，女性、男性思想交融，慢慢地，一個新世界形成。再進一步，人的基本的生命形態一定有一個大變化。

談社交

　　當代很多年輕人的狀態是這樣，朋友之間見面的形式是聚個餐，唱個歌，而諸如逛展覽、看戲劇之類的文化消費尚屬於少數，所以即使是交往時間很久的朋友，彼此之間也無法形成更多、更深入的交流價值。

年輕人的社交問題，大家都很宅？

　　從社會心理學角度來理解社交問題，我們會發現，當代年輕人的社交問題不能簡單地概括為「宅」。

　　一個人的社會關係，可以分為初級關係和次級關係。人的初級關係的形成指向自己最初的社交場所 —— 家庭，它對個人以後的社會生活影響至深，其中包括與父母的關係，與兄弟姐妹的關係；踏出家庭，進入學校、職場後，社交中的次級關係形成。人首先生活在家庭關係中，上學、工作後，我們自然而然地就將與父母、兄弟姐妹間的這種關係序列帶到了次級關係中，在與人打交道上形成自己的一種規範。但現在的年輕人，他們大部分沒有這種初級累積。他們在初級關係 —— 家庭裡是關係的中心，沒有建立起自己的系統性關係架構認知，而學校、職場又是競爭為主的培養體系，他們習慣性地認為其他個人都是競爭對手，表面上大家一塊兒打打鬧鬧，一團和氣，但內心仍希望自己能卓然而立，成為受關注的核心，希望別人都不如自己。

　　所以當代年輕人的社交關係從社會的大視角去分析，問題嚴峻 ——年輕人沒有很好地建立起社會感情。

　　他們在初級關係群體中比較孤獨，來到次級關係群體的時候，跟同學、同事屬於競爭關係，相互之間，專業、興趣可能都不一樣，如果不能及時轉換自己扮演的角色，則無法建立起積極的合作關係。這種積極的合作關係恰恰是社交關係的追求所在，就像軍艦各部分的配合一樣，雖然這個地方發射導彈，那個地方發射魚雷，還有的地方設置通訊，各有各的空間，但彼此合作，能構成一個和諧的體系。

　　我們目前的社會形態，現代性發育不平衡，專業化分工程度不夠高，大部分工作崗位沒有非常專業化的要求，工作者與工作者之間互相替代性很強，這就導致互相之間存在競爭關係，每個人都有危機感。這是社會層面的問題。

　　一方面是我們的業餘愛好沒有在一般大眾中廣泛流行。社會學意義上來說，一個人身上包含有很多屬性，工作中他是技術員，生活中他有自己的審美趣味、個人愛好等，在業餘愛好中，可以透過「臭味相投」建立起自己工作圈之外的社交關係。但現實世界中，年輕人忙得要死，整天加班，很難舒展自己在文化領域裡的另外一種身分，也就難以跟同類的人建立起很好的友誼。

　　另一方面，網路遊戲、短影片的興起，讓年輕人失去了對時間的感知，他們時刻處在對時間的失控狀態中。一旦他們打開手機，很可能眨眼之間幾個小時沒有了。這種情況下，人和人之間，自然地、實質地相互交流就減少了，這就讓年輕人的社交增加了更多的障礙。

　　但更深層的問題是，人與人之間交往的價值不足。每個人都需要創造空間發展自己的愛好，每個人也需要發掘自己在社會中立足的基準點，不跟別人比單一價值，互相之間的交流價值就會非常高。比如有的人看《哈利波特》，有的人聽音樂劇，有的人喜歡嘻哈文化，每個人關注的點各不相同，相互間交流起來就能提供不同的價值。但我們的社會有傳統慣性，大部分人的生活追求目前還停留在吃好穿好的階段，我們的消費習慣也是千篇一律，很難在文化領域中建立起高價值的深度交流。

　　當代很多年輕人的狀態是這樣，朋友之間見面的形式是聚個餐，唱個歌，而諸如逛展覽、看戲劇之類的文化消費尚屬於少數，所以即使是交往時間很久的朋友，彼此之間也無法形成更多、更深入的交流價值。

現代性發展完善，業餘愛好豐富的社會，人不依靠一種價值體系定位自己，人與人之間交流價值相對較高。比如一個社會，大家都喜歡國際旅行，感受不同的文化，那麼旅行之後的收穫 —— 五大洲不同地區的人們都有怎樣的生活方式，收集回來的不同地區的音樂、圖案有怎樣的特色，全世界各民族的繪畫、雕塑又有何種獨特的審美 —— 匯集了很多新鮮元素，人們互相之間可以交流心得、交換資訊，這樣的交流，大家都很高興。但我們的社會生活達不到這個水準，人們更多地還在關注生存，大家生活在一種生活方式裡，價值比較統一。

要意識到，我們的社會發展還不充分，個人的差異化追求沒有很好的養分，個體的意識、價值觀還比較趨同，年輕人的生活特性重合度很高，也就失去了交流的動力。

當然，年輕人「宅」，也有一部分與我們的文化傳統有關，我們不善於表達自己的感情。在這一點上，我強烈建議年輕人出去走走，看看世界，看看其他地方人們的生活方式，比如拉丁文化中特別強調友誼，重視家族親情，他們團聚時，唱歌、跳舞、擁抱，情感表達很直接、很熱烈。我們的文化更多地表現為農耕文明的自給自足性，關起門來過自己的日子，社交性不強，也就失去了一部分社會交流產生的財富。

幾千年的家族社會傳統對我們影響依然很大，導致現今人們的社會交流帶有很強的地域特色。但現代社會的流動性又非常大，人與人之間，尤其是陌生人之間缺乏社會情感。想要在陌生人間建立流暢交流的信任紐帶，目前我們的社會還不具備文化上的儲備。

比如賣場的售貨員，熟人來了會自帶一種親切感，順口聊一些日常，陌生人來了則表現為一種制式化的熱情。而在義大利文化中，男性看到女性穿得很美，一般都會上前閒聊幾句日常，並沒有什麼別的目的。我遊歷

波士頓的時候，偶爾站在路邊隨便看看，馬上有人過來詢問我需不需要什麼幫助。在日本、韓國遊玩時，我也有這樣類似的經歷：記得我第一次去景福宮時，不知道具體路線，就隨機問了一個韓國青年，青年說他正好要過去，隨後就一路陪我走到了景福宮。之後，他才轉頭離開。這時我才意識到他其實不順路，只是為了不讓我產生壓力，才說了這樣一個理由。

當然也有一些觀點認為，現在社會各方面都發達了，尤其是網際網路的發展，促使很多事務性的工作足不出戶就能解決。比如日常購物，網上下單即可送貨到家，人與人之間不需要過多交流，辦事效率也高，但這也導致了人的封閉性。總體來看，這還是一個精神性的問題。世界發展的規律就是，物質的事情由物質去做。比如說，人工智慧的發展，圖片識別、無人駕駛的實現等，這是用物質去解決物質的事情。按正常邏輯來說，物質充裕後應該釋放人的精神，給人以時間和空間去尋求精神上的樂趣，促使人與人之間情感交流的空間擴大、時間增多。

但我們感受到的顯然不是這樣，至少目前不是這樣，人和人之間的交往明顯感覺溫情不足。這不完全是受農耕文明影響而產生的問題。以日本為例，他們的年輕人在物質層面比我們年輕人好很多，漫畫、動畫，以及其他諸多二次元文化多姿多彩，很受年輕人歡迎，照說精神世界應該很豐富，但日本「宅」文化依然很流行，準確地說，「宅」成為一種文化，日本就是發源地。再比如，歐洲的文化，以希臘為例，它的傳統文化的基本點，立足於交往，強調只有在交往、對話中，個人才能獲得新的成長，追求在人與人的交互中撞擊出新故事，我補充你，你補充我，最後達到更高一層的精神轉變。希臘很早就發展公共空間維持人與人之間的互動，早期的劇場就有這樣的功能。透過在劇場安排悲劇、喜劇，詩歌朗誦等各種面向大眾的文化活動，促進人們的公共社交發展。

英國的海德公園，一到週末，就會聚集很多人，當地的居民都會跑到戶外。這種行為的前提當然是他們是自由的，沒有生存的壓力。但是對農耕文明來說，場所的公共性向來是被壓縮的，哪怕今天最被稱讚的唐朝，長安城也是依據不同分工，被分成一個一個坊，以牆分隔，到了晚上，城裡還有宵禁，整個城市並沒有非常好的公共社交空間。從宋朝開始，城市的圍牆才被打破，像《清明上河圖》呈現的那樣，人們走出家門、走向市場，開始互動，有了市民社會的傾向。

從歐洲歷史看，中世紀時期，因為農具的大改革，很多荒地被開墾出來，歐洲農業產值實現了跨越式的增長，剩餘產品的增加，促進了物流、集市以及工商業的發展，城市由此增多。這時候開始，人流動了起來，陌生人社會開始建立，個人擺脫了領主統治，身分屬性也就發生了變化，人與人之間開始講求獨立。一個人只有在市場上取得了獨立性權利，彼此之間有平等性才能產生等價交換。這樣一來，人要在社會中生存下去，就需要與他人進行交流，透過整個社會市場將自己與他人連結起來。在此基礎之上，公共文化、權利意識、政治生態，社會生活的各方面才發展出來，進而構造出了脫離小家小戶的另一種社會空間。

而我們在漫長的歷史時間裡都處於農業文明形態，人們的生活半徑不會大過自己居住的村落，日常生產、生活都圍繞著自己的小院，發展自給自足的小農經濟。從經濟方面考量，我們又是一個財富分散型的社會，不像歐洲是長子繼承制，財產不分割，所以一個大莊園主的城堡，一般都有市場、教堂，人們發生公共交流的空間非常穩固。

我們是在分散的農業文明基礎上進行現代化的，現代性社會，必然要求公共空間實現公民社會。什麼叫公民？隨著社會發展，人在社會中的身分，一開始是子民，再發展是臣民，然後發展成公民。公民有廣泛的交

流性、對社會生活有豐富的參與性，深入社會的政治、文化、經濟等各方面。

我們培育人才的體系，以前依賴群體，但群體又不是多元化的群體，是一致化的群體，每個個體沒有好好發展出自己的個性，而工業化階段更加講求標準化、規模化、大量化的生產。00 後這代年輕人是我們社會真正主動開始尋找個人的、不同的精神文化的第一代，而開創階段是艱難的。

印度有 13 億多人口，但是人均 GDP 2,200 多美元，印度的家庭收入裡，用於吃的部分占了很大的比例，用於發展文化的部分很少；瑞士人均 GDP 將近 9 萬美元，但人口數量少，所以難以形成大的國家群體；美國人均 GDP 6 萬多美元，有 3 億多人口，它的工農業產值高，國土面積大，所以領先世界。

因此，整個社會怎樣才能更文明，經濟將如何進一步發展，文化怎麼能更加繁榮和創新，都需要一個新的、高屋建瓴式的認知。我們不能模仿別人，也沒辦法模仿別人，所以需要我們自己創造，社會需要有原創力的人，那麼原創力又源自哪裡？我認為來自社會中的每個個體的差異性、獨特性。我預感，接下來社會上高度發展的產業一定以文化產業為主。不是說物質生產不重要，而是物質只生產物質，解決物質的需求。我們現在已經走在依靠人工智慧、大數據解決問題的路上，比如在汽車製造業，現在幾乎全世界的汽車生產商都在積極布局自動駕駛技術的研發，朝著智慧化這個方向努力。

所以今天的年輕人身處這樣一個時代，你們必須有與眾不同的特性、深入鑽研的探索精神。對年輕人來說，現在更像是一個創世紀的時代，需要年輕人開創新的文明形態、文化形態、政治形態、經濟形態。

年輕人一定要避免無效社交

年輕人想要擁有良好的社交關係，一定不能是靜態的，被動的，等待的，不是坐在那裡去建立關係，這是不可能的，要「在路上」。一個人要活在「跳一跳」追求目標的狀態中，像少年 Pi 一樣，和一隻老虎相伴，在有點威脅，有點難度的基礎上，去追求一個自己嚮往的目標。這個目標不能太高，但又要有點超出你當下的能力和習慣，現代人成長的最好方式，就是在現實裡看到大量新的人生可能性或者不同的活法。

比如我們要在某地做一個公共空間，做什麼內容呢？現成的一種思路是按已有的模式，開咖啡館，放點書。但進一步想，我們是不是可以做一個旅行筆記咖啡館？把一些出版社編輯、優秀的青年寫作者、人文旅行達人聚在一起，大家來到這個空間後，不僅可以喝咖啡，還可以分享資源。這個空間就會衍生成一個可以分享旅行心情，同時可以補充他人見聞的地方，這樣人與人之間的交流就獲得了精神性的價值，每個人都打開了自己的精神視野。同時這個咖啡館平臺可以變成一個選題庫、資源提供者，甚至是一個故事基金庫，還可以接納很多有其他愛好的人，比如喜歡攝影的人。咖啡館裡的人們在談什麼，相互之間能提供多少獨特的經歷、觀念、知識，這是最重要的。咖啡館裡坐滿精神豐裕的人，這個咖啡館就有了生產力。這種空間的搭建是需要組織力、眼光和人脈的，需要人去遊歷、去經歷，不是坐著能完成的。

現代社會最大的特點，就是能很便捷地把不同的資源聚集整合起來。最好的夥伴關係，就是能持續地做有活力的、新鮮的事，這種事情恰好是社會有熱切需求的，但同時資源是分散的，所以需要人去統籌。

《遠離非洲》是我非常喜歡的一部作品，是凱倫的自傳體小說，非常好看，內涵豐富。小說講述的是女主角跟隨丈夫旅居肯亞，經歷婚姻失敗，然後透過融入當地文化，建立自己的社交關係，活出自我的故事。將這個故事介紹給年輕人，我想表達的是：一個人如何在陌生的地方形成人際互動，活出自我。

現在我們也有很多人跑到肯亞尋找人生和未來，也許是因為非洲大陸是現代智人的起源地，人類在這裡點亮了文明的火種。在那裡更接近自然、更能將人身上的精神特性啟動、打開，實現真正意義上的人與自然的交互。

作者之所以在肯亞活出了自我，重要的是在資源集中的過程中，她發現，人，特別是文化血脈相連的人聚集在一起，能做更有價值的事。而我也想透過這個故事告訴年輕人，積極參與社交吧！好的友誼、好的社會關係能讓你的人生充滿驚喜和價值感。

年輕人需要自己建立起人與人文化交往的新形式，就是實現人與人之間的交流，而不僅僅是單向的輸出。如果敘述的人沒改變，那聽的人聽一聽，也就聽過了。互動是交流的雙方都能彼此成長，是共生關係，這樣的交流才是真正地促進友誼、增長感情之道，而不是整天在一起吃一頓喝一頓。年輕人一定要朝著這個方向努力，提升社交品質，拒絕無效社交。

「社死」還是「社牛」？關鍵是找到「活過」的價值感

現在人人心裡都有好奇心，而在這個變化莫測的時代，年輕人沒有好奇心是不行的。同時這又是一個非英雄時代，年輕人好像個個都有一點小小的頹廢，用頹廢來讓自己減壓，舒緩壓力的同時，接納自己不那麼努力，或者不那麼優秀的方面。這一點其實很好，有點自嘲，不像傳統文化中要求人一定要有聖賢心，架子一定要端著，標準隨時橫在那裡。自嘲也是一種生存之道。

在日本，為什麼優衣庫那麼盛行？以前大家買衣服都是要以奢侈品來彰顯自己的身分，現在往往傾向普通化、日常化。普通化，其實就是還原個人的真實面貌。一個人身上必然有個人非常普通、荒唐甚至不堪的一面。承認普通，可以消解必須建功立業的壓力，從而對自己的苛求少一些。這是現代年輕人不一樣的地方，這也是最初我理解「社死」的一個入口。但實際上我發現，往往說自己「社死」的人，心裡的自我評價又很高。

現在青年講自己「社死」，不是真正的本質性的自我判斷，而是一種調侃、自嘲。這讓我想到法國的啟蒙運動，當時的年輕人也很有智慧，但又很難達到理想中的自我標準，他們只能用一種墮落的方式來化解這種絕望的情緒，最後自己也認定自己非常沉淪。而我們現在的年輕人是一邊嘲笑自己，一邊繼續奮鬥。

都說現在的年輕人不想工作，其實這是牽扯了很多因素的問題。以前的年代，每個人的價值是明確的，社會貧弱，所以國家價值就是你的價值，價值感是從群體裡獲得的，每個人都是大機器裡面的螺絲釘、齒輪，

對自我、對目標前程都很確信。

如今就不一樣了，市場的前提是要有利益主體，每個人都是利益主體。每個人都需要思考，我自己能生產什麼，創造什麼。我的知識是資本，我的經驗是資本，我的社會資源、人脈也是資本，個人將這些資本投入社會交易裡獲取自己的價值。

以前的價值感是集體給的，現在你要自己去獲得，透過市場進行等價交換，獲取價值感。因為沒有價值，就沒有主體平等，市場也不可能建立。市場的前提是等價交換，等價交換的前提是利益主體之間的平等，但如果自己連利益主體都不是，就沒法進行交換了。所以個人在現代社會生活關係中，會感覺是在為自己奮鬥。不像以前，奮鬥的目標直接與群體相關。這兩者情況是不一樣的。

今天，我們的現代社會關係中，民營企業提供了大多數的就業職缺，大多數工作者就有一種在為企業家賣命的感覺。一天到晚加班，做了半天是為別人創造利潤。

其中有生產關係內在的殘酷性，一個人選擇生產方式的自由餘地不大，獲得的可支配收入不高，很難保證物質上的完全自由，更不用說實現精神上的自由了，所以在工作的過程中，年輕人想要滿足生活需求時，既沒法選擇，又沒有充分的空間去選擇，同時也沒有價值感支撐。年輕人覺得工作很苦，自己工作只是為了生存，於是就陷入這樣一種狀態：工作是為了活著，活著就得工作。我們作為一個生產力，一個人力資源，一個勞動力，確實是被需要的。

但問題是，身為人，除了勞動力價值之外，還需要有點精神追求，而自己工作獲得的回報──錢，也只能足夠活著，不足以支持個人再進一步享受生活，這就有點悲慘。

資本家需要勞動力永續，有勞動力才有盈利的可能，但又不會為勞動力提供實現自由生活的價值，所以，有需求卻無法滿足的現狀下，價值感一定是個人內心的期待，需要自己主動去探索、去追求。而現在年輕人的根本問題是，很多人達不到活得有價值感，自己也不願意主動去探索生命，於是活得很勉強。

談修養

　　「有兩種東西，我對它們的思考越是深沉和持久，它們在我心靈中喚起的驚奇和敬畏就會日新月異，不斷增長，這就是我頭上的星空和心中的道德定律。」只有將「星空」和「道德」內化為自己心中趨於絕對的原則，形成自我尊嚴和內在標準，我們才能在與別人的相處中，既堅持價值和原則，又在更高層次上尊重別人。

修養，需要人文精神的養成

在西方，從大約西元 3、4 世紀開始，社會逐漸形成了一種話語體系 —— 以基督教為核心，每個地區都是教區，每個人都是教民，身處各自的教區。這樣的文化會有一個基本原點，比如：《聖經》在西方被稱為「萬書之書」，其中包含著對善惡、信仰的闡釋；教義中，有很多人要用石頭打死妓女，耶穌便問這些人：你們中間哪個人心裡是沒有罪孽的，就可以站出來用石頭打她。大家都沉默了，因為每個人的內心都有一絲黑暗。

哈佛大學設置一些核心課程，引導同學們了解生活的整個世界。復旦大學也在實行通識教育，每個學生都要選修 6 門文科、7 門理科課程，包括文學、藝術、歷史、哲學、天文、地理等等，通識教育的內容有利於建構一個人生活在這個世界的精神完整性。維納的《人有人的用處》這本書有個觀點非常對 —— 在現代世界裡，人只有獲得充分的訊息，才能真正有效地生活。這裡的「訊息」，我認為是對社會的理解，對自然的理解，對「廣泛」的人的脈絡即歷史的理解，對當下問題的理解。這些「理解」可以作為衡量一個人是否有修養的指標。比如：為什麼進行中美會談？是因為中美兩國在氣候暖化問題上達成了共識，有共同的利益需求，為了減緩氣候暖化、維護人類共同的生態圈，作為碳排放大國，兩國都確認了實現「碳中和」的具體目標。對於這件事，很多人是沒有感覺的，甚至疑惑「地球暖化問題為什麼要上升到『碳中和』這樣的策略高度」。這就是不了解自然，不了解人類工業化進程、二氧化碳排放、氣候暖化這些事的相互關係。現在新疆、青海、西藏等地的一些湖泊擴大了很多，拉薩很多山都變綠了，表面上看起來環境變好了，其實是變糟了，這也是氣候暖化的結

果，雪山融化，很多生態鏈就變了，本來草只長在山坡下面，現在往山坡上長了，上面原有的生物再往上走，走不了的就被驅逐、被消滅了。現在人類面臨著生態環境變化的巨大威脅，在農業生產、物種保護等問題上存在很多挑戰，但許多人沒有這樣的意識，他缺乏的是「人類」概念層面上的修養，一種普世的情懷，一種對整個「人類」群體的感情，這種修養不是形式上的禮貌或其他細節。

現代人的自我修養：熱愛自然、人類、生命

　　現代人的修養之一就是熱愛自然。熱愛自然的前提是了解自然，同時，將包括萬物生靈在內的整個世界看成一個生命有機體，珍惜這個世界。這種修養有待潛移默化地提升，需要我們學會見微知著，比如：為什麼野豬列為二級保護動物？現在很多地方的人控訴野豬繁衍速度過快，禍害農民莊稼，為什麼政府依然不解禁？還有某研究院決定將 20 隻華南虎野放回歸大自然，我們為什麼要對它們進行野放？這是因為我們人類正在與整個世界達成和解。人類好不容易從冰河時期存活下來，在肯亞留下了微弱的存續力量，冰河時期結束後才逐漸發展，我們對自然一定是有感情的，核心價值即「人是自然的人」。現在很多人活得不自然，是因為他從小就不熱愛自然，慢慢喪失了身上的自然性，執著於野心、功名、財富、物質生活，欲望無邊無際，我們無法再用自然的標準去衡量他。

　　生命的美好是有一種「自然」的標準的。因為人體來自自然，可以說「來自宇宙，回歸宇宙」。人如果喪失了自然性，也就是喪失了「人生活在自然中、作為自然的一部分而存在」的天性。一生疲憊地追逐，比如：該睡不睡、暴飲暴食、被各式各樣的化學物品弄得花裡胡哨、購買不必要的東西……這都是「失控」，失去了自然的根基，活在一個相對的世界，但自然是絕對的，它有一個「大宇宙」標準。這種「自然」的標準，在人的修養中是極為重要的。

　　第二個修養是熱愛人類。現在很多人的修養中最缺乏的是自然感情，什麼是自然感情？我們面對的這個世界不是一個真正的、全然的按勞動分配、多勞多得的世界。世界上還有很多的殘疾人等弱勢群體，這些人需要

社會的援助。如果我們對他們毫不憐惜，認為他們是社會發展的累贅，主張以「安樂死」方式「消滅」他們，這樣看起來是一種有效率的方式，實際上，「消滅」弱勢群體後，會產生一批新的相對弱勢的群體，我們又會想要「消滅」這些人……如此，我們失去的是對人類整體的感情，這樣的做法最後威脅的是整個人類。所以我們要關注弱勢群體，拿出自己收穫的一部分回饋社會，去過一種「付出」的人生。人類之所以能存活至今，根本原因就在於人和人之間有感情，即人具有社會性。人類最大的文明是保護弱者，因為保護弱者就是保護整個人類，否則弱肉強食，不斷「消滅」弱者，人的吞噬性就特別強。

　　所以說，人類的社會感情是很重要的。現在很多人缺乏這種感情，只追慕強者，為自己謀求最多的資源，滿足占有欲、虛榮心，不斷強化競爭，使世界的秩序走向「叢林法則」。近代以來，很多哲學家意識到了這個問題，丹麥的齊克果[2]就提出 —— 我們人類一開始生活在感官的世界，和動物差不多，一味滿足自己的需求，把自我利益最大化，沒有原則，互相進行著野蠻的衝突。後來，為了安全，為了大家都能活下去，人類逐漸進化並進入了理性的世界，培育道德、建立規則，在安全的生存條件下，每個人才能生產和生活，找到自己的位置和歸屬。但是，歸根究底，這還是為了自己，是一種標準之下自保、自立的原則。就像是在資本主義社會中，每個人都擁有規則意識，在合法、合乎規範的前提下追求自己的個人利益。在這個世界中，我們推演不出「為什麼需要關心別人」、「為什麼要堅持一些利他但不利己的事情」、「為什麼要實現社會正義」這樣的命題，因為這與自己沒有重大的利益關係。

---

[2] 索倫・奧貝・齊克果 (Soren Aabye Kierkegaard, 1813-1855 年)，丹麥宗教哲學心理學家、詩人，現代存在主義哲學的創始人，後現代主義的先驅，也是現代人本心理學的先驅。

　　齊克果認為，第三種境界是信仰的世界。內心有一種「堅信」是很重要的，這種「堅信」不是出於別人或社會的要求，而是自己內心深處有一種不變的、絕對的東西。

　　這種修養就是我們在面對人類的時候要熱愛人類，不是說這個社會有多麼美好，而是「相信」。雖然看到人類有太多的不完美，太多的局限和醜陋，但是想想人類從原始社會到今天的發展歷程，人類文明在不斷地進步，所以儘管我們在某一個階段感到失望，也有人因為戰爭、血腥而失望，但是從更遠處看，人類正是因為「相信」和「希望」才產生了各種文化藝術。如果人類不可變，就一點意思也沒有了。人不同於物質，人是有精神，有文化，有道德，同時又有信仰的。我們不是遇到一個好的、充滿關懷的社會才去熱愛它，而是一種更深意義上的熱愛 —— 相信人類社會擁有一種正向的、值得努力的價值。用這種眼光看待社會時，我們會產生一種「投入」社會的熱情，面對社會的不公正、面對各式各樣的問題，我們想做一點新的事情，這個事情是有價值的，最大的價值就是讓「人」的不公正有所改變。比如：勞動者應當過著應有的生活，但事實上，因為社會權力的差異、財富的競爭，很多勞動者沒有過上他應有的生活，而那些生活富裕、擁有大房子和財富的人，他們的勞動付出和「擁有」其實是不對稱的。如果一些富人拿出自己的部分財富去扶助經濟發展緩慢地區，去支持教育事業，就會為這些地區帶來非常大的改變，因為這些地區的起點很低，進來的資源會發揮巨大的作用，但是有多少富人有這樣的心胸呢？社會還是缺乏這種溫度的。

　　雨果《悲慘世界》中的囚犯尚萬強在剛出獄時，路過神父家，善良的神父留宿了他，但是第二天離開的時候，尚萬強卻偷走了家裡的銀燭臺。這個情節很讓人絕望 —— 善良的心竟然換來這種行徑，但是當警察抓住

尚萬強並把他連同銀燭臺一起帶回神父那裡時，神父沒有怒罵，沒有使尚萬強淪落到被絞死的下場，而是選擇原諒他，跟警察解釋說銀燭臺是自己送給他的。尚萬強很感動，一個被關了十幾年的囚犯，一個本已不相信世界的人在這一刻被感化了，後來他隱姓埋名，成為一個城市的市長，為窮人服務。為了不把「失望」變成「絕望」，世界以雙倍的「善」來對待「失望」，這種熱愛人類的感情就是一種修養。

先熱愛自然，再熱愛人類，因為人類是自然中唯一有意識地追求價值的存在，最後要熱愛生命、珍惜生命。每個人都有價值，基本的修養就是認識自己。

我們偶然來到這個世界，活著是為了什麼？很多人是以「獲得」為目的的，但是一個人究竟需要多少「獲得」？很多人不珍惜自己，把自己放在虛榮、競爭等相對價值裡，以為這樣就可以令人羨慕，但最終又有怎樣的價值呢？我們有可能正在「惡」的鏈條上發力，爭取著虛名浮利，僅僅以周圍的人為參照人群 ——「我要過得比他們好」，這其實是對自己「價值」非常大的貶低。真正有價值的是尋找、珍惜自我，懂得這個世界的自由，珍惜個人生命的自由，關注自己的價值和社會需要的價值，確認自己「能夠做些什麼」，最終做出一些跟別人不一樣的事情，為社會增添一些亮光，而不是執著於千篇一律的東西。這時，我們才會有一種全新的生命觀。

我覺得珍惜生命非常重要。很多人表面上看起來朝氣蓬勃，老年時卻總覺得空洞，儘管獲得了很多東西，習慣之後卻認為它索然無味。我有一些同學，買了 5、6 間房子，現在紛紛賣掉，所以我一直以來都有一個觀點 —— 房子的大小是我們的體溫能達到的地方，這樣的範圍才會和我們的生命產生呼應。那些虛無的看似華麗的東西，其實和我們的生命沒有關

係。所以，珍惜生命，就是將這一生過得有價值，有溫度，有情感。

這樣的我們會很勇敢，勇於做出許多不一樣的選擇。比如：為什麼很多人的愛情不堅持到底？他們因為各式各樣的原因分開，父母反對、同事笑話、條件不符合等，這些人缺乏的就是珍惜自己的心，他們珍惜的是別人，追尋著別人的肯定。很多人容易將愛情變成商業，本來追尋的是愛情，卻在父母的希望、朋友的參照中草率地選擇了某個「差不多」的人，將自己在戀愛市場中「處理」掉了。

很多情況下，人不珍惜自己的一個具體表現就是「妥協」，一次妥協就會成為習慣。當妥協成為一種本能時，我們會習慣遇事後退，而好的人生是珍惜自己、逆流而上，也就是堅持自己的判斷。

人到底應該如何珍惜生命？首先是生死標準下的「珍惜」，這是無疑的，為了社會正義而犧牲生命是另外一回事。

其次就是為自己建立一種有準則的生活，制定一個需要費力的目標。社會是有張力的，我們需要在釋放自我能量的過程中不斷獲得成長，一開始有些受不了，慢慢就會習慣，達到目標後制定更高的目標，人的生命都是這樣一寸一寸、一點一點地成長的。

做到以上三點 —— 熱愛自然，熱愛人類，熱愛生命，我們就擁有了基本的修養。而現在的很多人還沒有產生這種意識，更遑論做到了。

人與人相處，如何做到恰到好處地尊重

　　尊重體現在文明的發展過程中。尊重他人其實處於文明發展的低級階段。目前社會所提倡的正是尊重他人、尊重各式各樣的規則，這些內容都很好，但人們在實際生活中處理事情時，存在一個前提 —— 一旦某個人是「壞人」，我們就不尊重他了。比如歐洲中世紀時被燒死的女巫、宗教衝突中被懲處的「異端」、戰爭中敵對的雙方等，每個時代的「壞人」標準都是不同的。

　　文明發展的高級階段是自我尊重。在和他人的關係中，最重要的是自我尊重，也就是說，自己要有一個關於生活的基本價值觀念，包括行為方式、「遊戲」規則等，不管在怎樣的情況下都堅持這種觀念，這是我們人類穩定進化的最根本的保證。

　　就像康德所說的，有兩種東西，我對它們的思考越是深沉和持久，它們在我心靈中喚起的驚奇和敬畏就會日新月異，不斷增長，這就是我頭上的星空和心中的道德定律。只有將「星空」和「道德」內化為自己心中趨於絕對的原則，形成自我尊嚴和內在標準，我們才能在與別人的相處中，既堅持價值和原則，又在更高層次上尊重別人。我們對待一切事物的態度，不再源於外界的肯定或否定，而是出於內心的決定。

　　人類歷史上也有一些這樣的「堅持」，比如：在二戰中，德國空軍和英國空軍激烈作戰，但雙方都堅持一個原則 —— 堅決不打飛機被擊中後的跳傘飛行員。二戰納粹德國空軍總司令赫爾曼・戈林最後作為戰犯被處以絞刑，他在行刑前一天晚上服毒自殺了。二戰期間他視察德國空軍時曾發生過這樣的故事：他問一位德國空軍英雄「如果你在前線戰鬥時擊落了一

架英國飛機，飛行員跳傘逃離，他殺死過很多我們的同胞，所以我命令你擊落他，你會怎麼做」，德國空軍英雄回答「我絕對不會執行這個命令」，戈林聽後笑了，說「這正是我希望聽到的回答」。這個故事就體現了原則的超越性，這種神聖的原則超越了戰爭的殘忍和殺戮。

在人與他人的關係中，我們需要一些一生堅持的神聖原則，這種原則的形成需要人文的、社會價值觀的沉澱和累積。有時，我們的價值觀是顛倒的。比如：很多人嘲笑宋襄公，在泓水之戰中，他本來完全可以指揮宋軍趁楚軍渡河的時候偷襲，但是宋襄公不願意乘人之危，等到楚國渡河、排兵布陣以後，宋軍很快全線敗退，宋襄公也因此淪為歷史的笑柄。我本人極其尊敬宋襄公，因為他是有尊嚴的、遵守原則的，即使最後失敗了，也不失為一位英雄。

我們的歷史上有太多的動盪，人與人之間缺乏預見性，充斥著實用主義、機會主義，這是很可怕的。

從當今社會要弘揚的精神來講，我認為人與他人的關係中應當有一種高貴的自我尊重。當我們達到這一點時，哪怕別人一開始認為我們的做法不對，對我們態度不佳，最終也會了解我們、尊敬我們，因為我們的原則始終是恆定的，所以儘管有時別人不接受我們，也會信任我們。

談美

　　看一個人美不美，實際上還是要歸根於他的生命觀，他對生活的理解。美不僅僅是視覺感受，還暗含了表象之下人對生活的理解，對歷史的理解，對社會的理解。美不美，不能只看外表，還要看見背後那些深刻的東西。

對美我們要有一種歷史性認知

十多年前，北京電影學院招生時，有一位老師說，招演員的話，女生一定要漂亮，男生要帥，要不然沒有票房。十幾年前我們對美的認知是這樣的，那再往前呢？對美，我們首先要有一種歷史性的認知。自古以來我們對美的需求是什麼。

總體來說，我個人認為，美是一種需求。美的永恆性在於它的自然性。古希臘時期，大家都認為均衡是一種美。如果我們在兩隻眼睛中間放一條對稱線做微分析，放大之後觀看會發現左右部分是有一點不對稱的。這是胚胎在生長過程中形成的一種相對完美的遺傳優勢。這是一種天然的均衡。

從歷史上來分析，女性是越來越漂亮了。這是一個選擇問題，即優勢遺傳。一些非洲的男孩，一出生就被打斷鼻梁骨，因為他們長大以後出去打獵，鼻梁骨最脆弱，最容易受傷，有些男孩因此就被這樣殘酷的生存選擇淘汰了。

當年去雲南勞動，我們那群城市青年很苗條，但當地的傣族人看我們不覺得美，他們認為健碩、利於生育的才為美，彼此欣賞的標準不一樣。19 世紀俄國的杜斯妥也夫斯基就說，因為認知差異，大家審美的標準不一樣。就像黃山的挑夫不覺得黃山美，他們反而更期待山路別這麼陡，能走得輕鬆一點。

我很喜歡李澤厚關於美的觀點。李澤厚講美，不是主觀的，也不是客觀的。他認為要實踐美，人必須在實踐過程中釋放自己的創造力。人要在與自然、社會的關係裡，釋放一種創造性。他認為這是美的核心部分。對

此我深表認同。

像基督教提倡的絕對的善，沒有自己的私欲。教義要求人人為善，以他人為先，但高要求又給人造成了太大壓力，所以產生偽善。後來新教改革，重新提出理論，要求信是第一位的，因信成義。上帝選不選你，是天選，有不確定性，但人只管信，只管絕對的善就好了。

理想也就牽扯到了美的問題。美首先是人性美好，社會美好。在人性很脆弱的基礎上談美、談理想主義，站不住腳。以前的美，講究奉獻，在宏觀層面考慮為國家、為社會的付出。現在我們提倡市場化。市場化首先要建立利益主體，沒有利益主體就沒有市場。而市場要求人人等價交換，等價交換的前提是，大家都是平等的，在平等的基礎上，勞動是平等的，利益也是平等的，這時候人就有了私利。在理想主義漸漸消退，新的價值觀又尚未確立起來之時，社會就陷入了比較複雜的情況。看一個人美不美，實際上還是要歸根於他的生命觀，他對生活的理解。美不僅僅是視覺感受，還暗含了表象之下人對生活的理解，對歷史的理解，對社會的理解。美不美，不能只看外表，還要看見背後那些深刻的東西。

我接觸過很多非常有思想、內心很美的人。他們或者做義工、做公益，或者去西部從事環境綠化。有一個浙江老闆來到農村種了 2,000 多畝火龍果發展當地經濟，還有一個北京女孩子去雲南山區成立景頗族文化保護中心，他們做得很艱苦，但這些人很美。現在很多人看到這樣的事蹟覺得有壓力。為什麼？現在的人排斥他們做不到的事情，但還保留一點理想主義，自己做不到，拒絕就成為最好的方式。

現在的社會，並不是大家認為的顏值決定一切，而是時代拉開了一個空白。

我覺得最美的人還是那些糾結的人，就是那些整天發愁、自稱「社

畜」的人，他們一邊叫苦，一邊工作。如果人只是叫苦連天，就會陷入虛無主義，閒遊亂逛，這才是真正糟糕的。這些自稱「社畜」的人雖然叫苦，但還是在大城市兢兢業業地上班。他們透過自嘲的方式獲得某種心理的紓解。這些人雖然焦慮糾結，但本質是美的。今天時代的美是糾結美，只有糾結才能串聯起傳統和現代，不糾結的人是很單面的。日本作家谷崎潤一郎的《陰翳禮讚》中說得好：我們不是在事物本身中發現美，而是在陰影、光明和黑暗的模式中發現美。我們現在恰好處在這個很複雜的時代。這是大有希望的時代，可能有一個「醜陋」的起步，因為完美的東西都是以前形成的。

轉型時代的今天，第一代人要自己摸索，自己定位。今日的人們就是要不斷地做選擇，考慮自己做什麼工作，創造什麼價值。我有很多學生畢業工作幾年後再辭職，他們辭職的原因很多時候不是錢多錢少的問題，而是工作能不能體現生命價值的問題。是不是自己喜歡做的事情？跟自己內心熱愛的生活有多大的距離？這是他們衡量一份工作值不值得的標準。

這個過程就產生了糾結，因為生命價值不是現成擺在那裡的，需要我們去尋找。找到自己的安身立命之所，是我們的歷史使命。

所以我還是贊成實踐。美是一種實踐。在今天這個糾結的時代，我們尤其要強調實踐。坐在房子裡空想，越想越糾結，不如去做一些新的事情。在做的過程中，我們建立起跟世界、社會以及各種人之間真實的、豐富的連繫。在這個過程中，你的內在美，你的創造力，你堅韌的力量就釋放了出來，所以有焦慮、糾結不要怕，破除糾結就靠實踐，美就在實踐裡。

為什麼現在的審美趨向中性化

　　有年輕人問我：現在很多男生把自己打扮得有點女性化，也有很多女生偏向男性化裝扮，對這個問題怎麼看。這不僅僅是一種中性化。一方面，這種現象打破了傳統文化對男女性別的鎖定，是一種自由的彰顯。人類社會分成兩性以後，表面上是對性別的清晰化，但實際上是某種程度的複雜化。同性戀從性別上來看，他們相處的關係就簡單得多。如果秉持中性的態度，把自己的性別模糊化後，人跟這個世界的相處就減少了很多因為兩性矛盾而產生的問題。人中性一點，就使得個體和社會不同群體之間有很大的串聯性。中性，我覺得更大層面是社會心理學的問題。

　　傳統的農業社會，農業民族的習性是希望風調雨順，整體民族的個性是不尖銳的，比較柔和，骨子裡也比較安順。在農業社會的大背景下，鄭和下西洋轉了兩圈就回來了，對比之下，哥倫布探索新世界之後西方開啟了大航海時代。

　　另一方面，這也跟我們養育孩子的社會環境有關係。以前的孩子們，比如在農村的，會割豬草、養鴨子、挑水等。城市裡的孩子因為當時家庭物質還相對貧乏，也會做一做家務，幫鄰居送送報紙等。這種鍛鍊培養了孩子內在的韌性，實際上是必需的。

　　而這一代人各方面都被保護得很好。因為上一代有個心結，他們不希望自己受過的苦再讓下一代經歷，於是像襁褓一樣把孩子保護起來，從小到大都沒讓他們受過什麼磨練。這其實是害了下一代。

　　於是他們的成長就出現了問題──兒童時期很可愛，少年時期就缺乏一點陽剛之氣，到青年時代問題就會更加突顯。這幾個時期環環相扣，

早期的力量沒有被激發出來，到下一環就更難修正。

我在雲南插隊時，當地的少年常常入深山砍柴，十幾里山路上山爬坡還要挑柴回來，這是很強的磨練。在這個過程中他要培養一種持久力、耐久力，建立一種內在性格。現在我常聽很多大學生說自己坐高鐵去哪裡需要 6、7 個小時，旅程很累。我聽著深感幾代青年的反差之大。以前我從上海到昆明坐火車要 63 個小時，那時的綠皮車沒有空調，只有頭頂一臺電風扇，夏天經過湖北湖南時熱得渾身黏膩。臥鋪更是一票難求，人睡在座椅下面甚至行李架上，這樣的情形我都經歷過。

我們對新一代的培養，比如在家庭內部的培養，不僅要有勞動性的傳遞，還有倫理關係、社會關係的傳遞等。

現在的青年要經歷比坐 7、8 個小時高鐵難太多的事情，要去工作，跟形形色色的陌生人打交道，受無數次委屈，遭遇無數次不成功，想要謀得生活獨立很不容易。這個時候他內心的那種孤寂在看到有點陰柔或者很颯爽的影星時，可能會獲得很大的寬慰，好像無形中找到了一種可以釋懷的東西。

這也不是我們社會獨有的現象，近鄰日本也有類似的情況。我在日本教學的時候，2002 年去看演唱會，演唱會上的男孩都是歪歪扭扭站不直的，好像病懨懨的，但底下的歡呼聲很激昂，大家覺得這樣的氣質能跟自己產生共鳴。日本男性畢業了要求職，提前 1 個月就開始護膚，敷面膜，大家普遍這樣做，所以男性護膚品市場占比也很高。以前化妝是女性的專利，我記得一份大概 15 年前的統計數據，全球軍火貿易一年的數額是6,500 億美元左右，全球女性化妝品的市場產值也有 6,000 多億美元。現在男性化妝品的市場份額也增加了。這是我們今天所處時代的一種精神狀態的體現。

審美和審醜，該怎樣界定

審美要在實踐中，它是一種實踐美學。我認為審美，關鍵是要找到一些生活裡被遮蔽的、有實踐性、創意的東西。生活中我們應該挖掘一些創造性的內容，但往往一些創造性的東西在別人看來是有點荒誕的。

《唐吉訶德》就是一本笑料百出的書，但其實這裡面寫的是一種最美的人格。主角一輩子讀騎士書，到老的時候他出去闖蕩，他的生活是與正常人反向進行的。他看到羊群以為是惡魔就衝過去，看到大風車也去挑戰，但這本書呈現的不是情節荒誕的問題，而是當時的時代問題。他去衝殺羊群，人們就會痛打他一頓，哪怕把他當成一個瘋子，也不會有憐憫，不會有同理心來理解他內心深處的單純、勇敢。所以這是社會本身的問題。

有時候，事物最有價值的那部分往往跟世俗的價值觀相反，跟環境有點格格不入，然後就呈現出某種荒誕性來，最後被邊緣化。

我非常提倡審美要攜帶一種讓人落淚的笑的元素。審美就是要打開生活裡被埋沒、被隱藏的東西，好的審美暗含一種悲劇性。

世界主流審美是趨向於普適性的美好的，如果從這個角度看的話，就是人和世界的衝突，人和社會的衝突裡有太多黑色幽默性質的東西。西方就有黑色幽默的傳統，像《二十二條軍規》所體現出來的。審醜就不一樣。審醜其實是審美的一種異化，是審美的另一種「表達」或「表現」，如果從幽默角度來看，可以看到很多表面歡樂、內在糟糕的價值觀，就是呈現出一種虛假的繁榮。

社會生活中有一種規律，大家都想從別人身上找幸福感。如果是沒有

操守的人，他可以讓所有人快樂，因為他沒有底線；他可以降低任何標準，不堅持任何東西，然後取悅他人。這種人其實是奴隸性格，生活中他貌似過得風生水起，但實際造成的作用是放大人性的弱點。審醜實際上能審出人性，我們自己笑了半天，最後才發現是在笑自己。

　　社會生活中，存在很多「格格不入」的人，有些確實是假裝的、騙人的，但有些真的是有情懷的。當對這些人的判斷不在大眾邏輯認知裡，大家就覺得後者是裝的，便會用個人的認知來「殺死」一批有情懷的人。

　　這種現象最早在《詩經》裡就有所反映。《詩經》裡的〈黍離〉篇中有「知我者，謂我心憂；不知我者，謂我何求」一句，反映的是一種為國為民的憂思，而不懂的人就不知道這是在表達什麼。審美就是要把更內在的東西挖掘出來，呈現出一種喜劇性或者悲劇性。

談藝術

自由，是藝術本質的東西。

人類能發展，其實全靠藝術的能力，就是不斷打破局限，追尋自由。

到了青年時代，我們開始接觸社會，有了自己的想法，逐漸想清楚自己要做一個什麼樣的人。這種自己誕生自己的過程，就是藝術化的過程。

藝術本身，帶給人一種精神的寬度、精神的釋放。

藝術不僅是繪畫、音樂，藝術是原創，是自由

藝術並不是很玄妙的。藝術的要點，首先是原創。藝術不只是繪畫、音樂、文學，工業技術的創新也是藝術。賈伯斯就堅持把蘋果的產品作為藝術品來設計。德國的工業設計又叫技術美學，德國人做東西，乾淨俐落，不花裡胡哨。日本人追求產品的精細化、精美，所以成本相對較高，但做的每一個成品都特別漂亮。

藝術，首先要有原創性。新事物被創造出來，它不一定是藝術，但就這個轉變過程而言它體現的是一種創造性思維。

這就又涉及藝術的另一層定義了，創造性背後是什麼？就是自由。人類一開始是不自由的，早期人類生存靠採集，自己不能生產，沒有進入農業時代。後來我們才逐漸地脫離對自然的依賴。

人類能發展，其實全靠藝術的能力，就是不斷打破局限，追尋自由。人類從依附的自然中一點點脫離出來，脫離出來的途徑，就是不斷原創，之後不斷地擴大自由，讓人能自主。

自由，是藝術本質的東西。

這個世界，不管做什麼行業的人，都可以分為兩種。一種是繼承性的人。我們可以想像一下，如果讓兩代人突然交接，一代人整整齊齊80歲，一代人齊齊整整18歲，上一代有多少東西需要下一代繼承。繼承是社會發展的基本需求，是維持整個社會不斷往前走的助力。繼承需要工匠精神，兢兢業業地把自己的工作做好。

另外一種是承擔「變異」功能的人。這部分人，是要創造的。就像生物發展規律一樣，基因除了遺傳，還會發生變異。如果一直繼承的話，物

種就會出現僵化。人類改變的需求就是藝術發展的契機。

藝術的背後是自由，原來大家都是做規定動作，現在要做自選動作，要做出一些新的不一樣的變化。放眼世界，藝術是推動社會發展的巨大車輪之一。如果單純認為藝術就是電影、音樂、繪畫，那這樣的理解就陷於偏頗了。

藝術的無用之美比有用還厲害

我們現在常說的無用之美，本質並不是無用，而是美學裡的無功利化。那麼，為什麼說是無用呢？人是價值動物，在現有體系裡找到價值點，依憑價值做事的路徑是很清晰的。但現在我們要自由，就沒有任何憑藉。世界上有 100 條路，我偏要走第 101 條。你不知道第 101 條路在哪裡，也不知道這條路會通到哪裡。

我們絕大部分人是認可黑天鵝原理的。看到天下到處都是白天鵝，你會形成一種自我判斷，認為天鵝都是白色的。一旦有人見識得多了，視野擴大了，發現一隻黑天鵝，他就會打破舊有的認知定式 —— 原來這個世界上竟然還有黑天鵝。自由就體現在這裡，一個人去尋找黑天鵝的時候，他不知道黑天鵝在哪裡，也不知道有什麼用。

所謂的無用，含有兩個層面的價值。第一個層面是打開世界的未定性，繼承性的行為承載的是世界的確定性，而探索無用之美的行為彰顯的則是世界是可漂移的，能讓社會保持呼吸的活性。第二個層面，所謂的無用，是否定美學占據了主要位置，否定現有的，但否定美學背後是肯定美學，肯定未知的部分。只是這部分用我們現在的邏輯是說不通的，因此只能說無用。古希臘蘇格拉底等人聚在雅典廣場討論世界是什麼，是物質的還是精神的，這些對一般人來說並沒有什麼用，大家每天自發性地做好份內的事。但是後來人們才發現這些討論多麼有用，它幫助我們理解世界，尋找世界的內在邏輯、發展規律。這就賦予人以一種思考力，一種否定能力，自我的批判能力，然後不斷地擴大我們和世界的關係。所以有時候無用比有用還厲害。

年輕人要怎樣去學習藝術

　　藝術分為兩種。一種是傳統的藝術，音樂、繪畫、電影等；另一種是行動中的藝術，就是這個人活得跟別人不一樣，行動中的藝術不一定體現在傳統藝術領域。

　　世界有兩種生活狀態的人，一種是生活藝術化的人，一種是藝術生活化的人。

　　生活藝術化的人，他就在常規裡生活，衣食住行，生老病死，婚喪嫁娶，他也有情感需求、娛樂需求、精神需求，會看看電影，聽聽音樂，欣賞繪畫等等，但本質上他還是一個在現實中生活的人，只是給予生活一定的藝術化，顯得浪漫些。

　　藝術生活化的人，渴求的是變化和自由的生活。這個世界上的任何事物之於他都是藝術原料，他把自由放在第一位，也不跟人爭利益，爭得失。世間萬物都是他的觀察對象，哪怕是現在年輕人深感為苦的工作，也只是他生活在這個世界上的基礎，職場競爭、各種利益等也不能引起他的興趣。這種人的一生活得像一個精靈。藝術生活化的人，才是藝術家。藝術本身，帶給人精神的寬闊、精神的釋放。

　　如果藝術家都變成很現實的人，大家都去競爭，這個世界就會失去很多創造美、實踐美的人。正因為有這些人存在，他看世界的一切，包括自己都是一種素材，也就不會傳遞焦灼的情緒，不會跟別人爭高下，得和失只是自己的生命體驗，也看得很從容。藝術生活化的人也會感染更多的人，讓大家可以更寬解這個社會。

　　德國戰敗後，家家戶戶吃不飽，但有的家庭寧願少買一個麵包，也要

買一枝玫瑰放在餐桌上，以藝術的心情過日子。俄羅斯經濟不好，但莫斯科大劇院天天晚上一票難求，有些人沒有藝術就是覺得不行。我們社會目前還有很多人沒意識到自己可以過上藝術生活化的人生。我們總被教育做人上人，在此觀念的籠罩下，很多人的藝術需求被矇蔽了，而將來會有大批的人轉移到藝術生活化這個軌道上來，逐漸理解藝術是什麼。

人都有第二次出生的機會，但又不是所有人都會實現第二次出生。第一次出生，不是我們自己決定，很荒誕地就來了。到了青年時代，我們開始接觸社會，有了自己的想法，逐漸想清楚自己要做一個什麼樣的人。這種自己誕生自己的過程，就是藝術化的過程。

好多人沒有這個過程，一輩子就在原有的軌道上渾渾噩噩，不能認清自己內心的糾結，只覺得活得悶。當然也有人明白自己就是個現實的人。其實只要自己有思考意識，知道自己的限度，知道自己能做什麼程度的事情也很好。現實的人，就兢兢業業；藝術的人，就追求藝術人生。

在經濟界，也有這樣兩種人。一種是企業家，專門去創新，不停地去探索，把產品做到極致，像賈伯斯；另一種是管理家，把新創的事物效率化、合理化、完善化。企業家就類似藝術家的角色，可以打江山；管理家就是守江山，一切規劃得井井有條。社會要良性發展，這兩種人都是需要的。

附錄

梁永安答讀者問

身為文化學者，或者稍微有點責任的媒體，應該怎麼注意社會階層問題呢？

我主張對事不對人。我們是疊層社會，有古老的農業文明，有工業化文明，還有後現代文明，這種文化疊層不可能一刀切下去，所以這個時代我們行事只能對事不對人。創新非常強調建設性。現代社會有很多分散出去的領域和空間，需要大量專業的、有技能的、有特性的人，一點點聚合，不斷分工細化。我們需要做的是撇開意識形態，只看事情本身。比如現今的交通網絡重建了城市，空間格局也變了。以前我坐綠皮車從上海去昆明需要 63 個小時左右，人的大部分時間耗費在路程上，土地的連結很鬆散，現在我去昆明只需要 12 個小時，土地間的連結緊湊了，更關鍵的是大山裡的特色農產品還可以透過通訊網路銷售出來，原來大門不出的傣族婦女也可以做生意了。當初孫中山先生「人盡其才，地盡其利，物盡其用，貨盡其流」的理想，已經在某種程度上創造出來了，所以，現在是一個創世紀的時代。但現在的創世紀形態是倒置的，我們先有了物質建設，而真正的創世紀是先有光、思想和意識。我們當代比較突出的問題是，個體很有價值，但完全意識不到自己的價值存在，因為大家忙著買房、買車，壓力大得一塌糊塗，苦得很。這一代人有其巨大的歷史價值，但個人還感受不到。所以，從我個人來說，要打通個體和時代的封閉性，在這個過程裡，為個人賦能增值，把他的價值釋放到最應該釋放的地方。

老師您多次提到，能力許可的人應該去遊歷，那沒有能力的，該怎麼做呢？

一個家裡很窮的人，上學不容易，學成後他要進入社會賺錢，這其實不是錢的問題，是倫理性問題，我們要有一條基準線來衡量。人首先要達到一定的生存線，獲得最基本的、有尊嚴的生活。這是以人為本的考慮，不是單純地賺錢。這個時候我們沒有任何藉口，先達到生存線再說。

社會突出的問題是，溫飽線之上那些人的選擇，非常標準化。這些人的生活結構裡，文化投入比例多少，旅行投入比例多少，學習投入比例多少，人和人之間的交流投入多少？電影、文學、藝術、音樂、話劇，這些創造出來的內涵非常豐盈的東西，又有多少投入比例？我們社會現在最消耗家庭財富的是房產。我們不談徹底改變，但如果每個家庭肯拿出相當於4平方公尺房子的基金做文化消費，那社會將不得了，它的衍生產值會特別高。看電影的人多了，買書的人多了，小眾就會變成大眾。人以群分的時候，文化生產、文化消費、文化傳播，就連接上了，投入少的話，很多東西的價值就發揮不出來。我們現在強調漸進地變，一步一步地來，最終180度徹底轉變。

西方家庭生活用品中有不少產品是從中國進口的。我有一個學生專門做進出口貿易，每個月都有訂單集裝箱運到歐洲，裡面是一些中國批准出口的古董。這些古董歷史不長，但量大。歐洲人為什麼喜歡？因為房子裡擺上一個來自遙遠東方的東西，家裡就有了一種時空感。五四運動以後，社會的需求是越現代越好，精神基礎有點單薄。歷史就是這樣，古代沒有貴族文化，因為皇權打擊豪強。西方現代化轉型轉得比較好的國家，都有貴族傳統，像英國、日本，它們有貴族精緻的部分，社會也有模仿的對

221

象，有一個焦點。我們古代是均分制，財產層層分化，造成了對藝術、精神的要求不高。

另一方面，我們也缺少足夠多的對社會文化有傳播作用的藝術中心、文化中心。大家都覺得現在工時過長，這講得很平面，其實它也是歷史遺留下來的問題。一個現代社會的形成和轉換，是一個緩慢的過程。

有時候會感到很困惑，身邊很多年輕人，不知道他們真正的熱愛在哪裡，好像沒有明確的追求、目標、喜好，沒有痴情，不知道他們把時間用在哪裡。

現在是一個浮情時代，不是長情時代，什麼都是在不停地更新。比如追星，追是一種好文化，但問題是拋棄，追過之後又不停地甩掉，沒有長久陪伴自己的東西，人都是一次性消費的狀態。這樣的話，現在的人就會像浮世繪一樣，很多東西是櫻花式的生存，只有一個一個瞬間。

以前人們會生產很多需求旺盛的手工藝品、藝術品，生產者也是很爭氣的，在產品裡下很大的功夫，東西可以傳家，有審美性，有欣賞性。現在不同，現在是批量生產，表面上是生產產品，實際上是生產人，生產跟物質快速轉換的一次性的人。

年輕人不知道真正的熱愛在哪裡，其實是沒有形成自我。這需要一個過程。自我的形成是，過去的人的生命不斷打開，逐漸內和外產生了對話，不斷把生機勃勃的東西化為內在，然後慢慢擴大，最後有了相對的對世界的確信感和自我價值感。這個過程是不停地在探索變化的。

余華的小說《文城》的主題是尋找，神祕的女人出走了，一個男人抱著孩子，走了幾千里路去找孩子的媽媽。這有點像《荷馬史詩》，故事的開始也是因為海倫出走，希臘國王帶兵去找，其中有一種很古老的情懷。

《文城》裡男人為什麼要去找那個女人？按現代人的想法，人跑了就算了，反正這個男人有錢，再娶個老婆。但對男人來說，她是唯一的，要幫孩子找到媽媽，真正實現跟自然相融的人倫關係。年輕人現在缺乏這種尋找精神，這種史詩性的精神。

> **梁老師，我們現在最大的困境，是很難愛上一個人，很難全身心去付出，好像時間不夠、精力不夠、金錢不夠，也沒有能力去愛。原因是什麼呢？**

以前的人情感生活比較簡單，1950 年代，我們稱女朋友叫未婚妻，男朋友叫未婚夫。婚，這個字很特別，聽上去就比較踏實。現在的男朋友、女朋友，聽上去就比較虛無縹緲，聽著就像隨時可以變化，可進可退。

以前的社會風氣下，兩個人談戀愛，未婚妻、未婚夫一旦有了問題，輿論就對他們造成很大的壓力。因為當時的社會生活是在農業社會的結構裡，傳統性發揮了很大的作用。

記得在一次文學討論會上，一個女作家說她最大的願望就是回到封建社會，那時候多簡單，父母指定跟誰結婚，就跟誰結婚。結了婚以後如果自己覺得很痛苦，和對方合不來，也不會罵自己瞎了眼，因為這都是安排的，所以心理負擔就輕多了。

現在另一半都是自己找來的，這也造成我們今天的焦慮，你想過的人生都是自己選擇的。你的孤獨、飄蕩，你的不安、欲望，其實都是從農業社會過渡到工業社會的一種必然，這個過程，只能自己承擔。

1990 年代開始，社會的建設很快，工程建設、隧道建設、高鐵建設，都沒有那麼難。

這些物質性變化其實不難，這個世界最難的是人的精神建設。現在這

223

個時代，很多人覺得談不好戀愛，感情不好維護，看似是個人的問題，但從根本上來說，其實是社會的問題。因為我們的社會需要一種和之前農業社會完全不一樣的社會情感。

為什麼在婚姻中，在愛情中，人會有孤獨感，即使很相愛，每天也會有想「殺死」對方，與之離婚的衝動？

在農業社會，人們對周圍的世界很熟悉，可能一生都不會離開那裡，而現在的流動社會，意味著人會在自由生長的環境裡遇見形形色色的人。

所以，我們憑什麼要去愛一個陌生人？我們憑什麼要用溫暖的心情去面對冰冷的物質世界，以及同樣冰冷的人情世故？

我認為憑藉的是一種連結，一種同氣相求，一種價值觀的認同，而這都是很微妙的感覺。這種感覺來自哪裡呢？我覺得是源自共同的認知。但這種認知有時會不統一，會有不一樣的需求和變化。人時刻變化，需求、狀態、情感，都是流動的，沒有流動，人就成了木頭人。

我們是鮮活的人。我們熱愛土地，熱愛人類，熱愛社會，熱愛光明。在熱愛的過程中，我們學會一種面對世界的態度，有時面向白天，有時面向黑暗。

就像人與人的相處，也有兩面性，我們有時愉快，有時難過。難過的時候想「掐死」對方，愉快的時候又覺得對方無比可愛。是不是很矛盾？婚姻和愛情就是這麼複雜。在複雜中，我們學會了愛，學會了與人相處，意識到自己和對方都是多變的，這是一門功課。

梁老師，愛的基礎是什麼？什麼樣的情況下，人才能更好地去愛一個人呢？

兩個相愛的人，他們精神上是很寬廣遼闊的。愛本身就是一個有大格局的事情，不是房子多大、車子幾輛、收入多少。

這個世界是有靈性的，一個有靈性的人，肯定是熱愛生命的，看到樹木生長，看到群鳥飛起，他有情感觸動。

我在雲南勞動時，當大霧瀰漫，山林深處傳來咕嚕咕嚕幾聲鳥叫，我會感覺世界非常新奇，這就是萬物有靈。一個人熱愛土地，熱愛生命，他才能真正地去愛別人，愛自己。這是相愛的基礎。

現在的人的生活過得比較狹隘，從小到大是一元化的教育，傳習了農業社會裡的單一性。單一性就是你吃得飽、穿得暖，有自己的一塊地，找一個門當戶對的人，然後和他在一起生活。以前我們的年畫上畫兩個胖娃娃，一男一女，抱著大鯉魚，它就代表了人們最樸素的生活願望與景象，風調雨順，春種秋收。

女性成長中，最大的困境是什麼呢？

我認為是畏懼成功。女性的力量非常柔韌，她們由內而外地散發著光芒。但很多女性，尤其是優秀的女性，她們面對自己的優秀時，反而不自知、不自信。

女人要自信、自足、自立，相信自己的好。

梁老師，您最欣賞的女性是什麼樣的呢？

乾淨、漂亮、顏值高的女人，人人都喜歡。至少人們感覺她是一個認真對待自己的人。

女孩子越漂亮，她可能從小受到的誘惑就越大。漂亮，本身就有特點，它是自然得來的。有些女孩會理所當然地認為，這個世界上很多東西都是她應該得到的。千萬不要有理所當然的想法，即便男人呵護你，內心也一定要有溫暖、有感謝。

跟漂亮不一樣的，是美麗，它其實是修養，是文化的氣質、知識的累積，有著內在的豐富性。

再往上一層的美，可以稱之為好看的靈魂。她的談吐得體，眼神有光，她對世界的體會有溫度，有寬度。她可能不夠漂亮，但她一定給人一種很美好的感覺。

那麼，怎樣才可以做到最高層次的美？我自己的理解是，要愛看書，看長篇小說，理解其中豐富的情感；喜歡遊歷，每到一個城市，去看看當地的博物館。

現在的人總喜歡說自己很焦慮，這種焦慮的積極意義是什麼呢？

80後、90後是最偉大的一群人。他們是有著小焦慮、大動力的一群人。

物質的苦是可以計量的，而精神的苦、情感的苦，是無邊無際的。

我們現在是按照農業社會的理念去打造現代生活。期待風調雨順，又想開拓、創新、嘗試。想要搏擊風浪，勇立潮頭，又想擁有那種起步就是終點的可靠性，這兩種期待完全是矛盾的。

他們處於變動之中，沒有可參考的未來，沒有可對標的過去，他們能做的就是不斷地探索和變革。所以，他們不安、焦慮，但他們依然是有動力的。這種動力就是生命力。雖然焦慮，他們卻會利用這種情緒反推自己的生命向前一步。

梁老師，您說自己想做人類的旅行者，去觀察和記錄這個世界，這意味著要有怎樣不同的人生？

小時候，我非常調皮，經常突發奇想，外面的世界是否還有另一個我過著不一樣的人生。我經常一個人獨自跳上火車，也不告訴家人。每次家裡人都很著急，他們覺得我想法奇怪，後來還特意把我送到精神病院去檢查。醫生跟我聊了一會兒，跟我家長說趕快把孩子帶回去，他一點問題也沒有。

我爸爸堅持讓我留在醫院，仔細觀察。我在精神病院待了一個月，醫生護士都跟我說你很好，但你千萬不要招惹那些認為你有問題的人。所以我看電影《飛越杜鵑窩》特別有體會。

後來有一次，我出發前往一個農民家，他家在雪山腳下，我決定去看看。路上，我太餓了，就把路邊地裡的蔥拔出來吃。

有一個農民看到我那麼餓，就把自己籃子裡唯一的黑窩窩頭遞給我吃，那是我吃過的最美味、最香甜的一個窩窩頭。這輩子都令我難以忘記。在那麼困難的情況下，一個農民願意拿出最好的糧食給一個素不相識的人，我非常受觸動。

所以，我想不停地去遇見他們，記錄他們的生活。我喜歡這種與陌生人的溫暖連結。一個人活在這個世界上，內心都有一種溫暖、一種光，我想去捕捉、感受、記錄。我不想內心充滿黑色的情緒，那種占有欲、競爭欲，讓人怨恨，也會毀滅一個人。

梁老師，您在演講、講課、文稿中不斷地強調，人要做一個寬廣的人。什麼樣的人才是寬廣的呢？

人類走過了三個階段。早期階段是自然人，人們很淳樸，但這樣的生

命會經歷一次毀滅。因為這種淳樸很單薄、很脆弱，很容易被商品化擊破。再往下，是中世紀時期，成為有信仰的人。

再後來的人，是現代人。什麼是現代人，就是有人文主義、人文精神的人。我們相信知識，相信理性，相信人有能力創造一個新的世界。我們不需要某種外在的神聖，不需要某種外在的戒律，我們可以透過自己的創造認知世界。

什麼才是文明人？

文明人的基礎，是他對這個世界有一個非常寬廣的認知。他走在夏天的星空下，知道遠處的海洋有多少船在航行，知道南美的亞馬遜森林裡有多少動物在夜裡互相呼喚，知道遙遠的非洲有多少人在受苦，知道人是有差異性的，這個人就是寬廣的。

梁永安私藏百部書單

　　書和人的生命，是連在一起的。

中文作品

　　《活著》，[中] 余華

　　《世說新語》，（南朝‧宋）劉義慶

　　《這些人，那些事》，[臺灣] 吳念真

英國作品

　　《印度之旅》，[英] E‧M‧福斯特

　　《查特萊夫人的情人》，[英] D‧H‧勞倫斯

　　《戴洛維夫人》，[英] 維吉尼亞‧吳爾芙

　　《面紗》，[英] 毛姆

　　《道林‧格雷的畫像》，[英] 奧斯卡‧王爾德

　　《黑暗之心》，[英] 康拉德

　　《美麗新世界》，[英] 阿道斯‧赫胥黎

　　《孤雛淚》，[英] 狄更斯

　　《浮華世界》，[英] 薩克萊

　　《黛絲姑娘》，[英] 托馬斯‧哈代

　　《傲慢與偏見》，[英] 珍‧奧斯丁

　　《哈姆雷特》，[英] 威廉‧莎士比亞

　　《夜航西飛》，[英] 柏瑞爾‧馬卡姆

《動物農莊》，[英] 喬治 · 歐威爾

《柳樹間的風》，[英] 格雷厄姆

《遠山淡影》，[英] 石黑一雄

《世界藝術史》，[英] 修 · 昂納／[英] 約翰 · 弗萊明

美國作品

《大亨小傳》，[美] F · S · 費茲傑羅

《榆樹下的欲望》，[美] 尤金 · 歐尼爾

《聲音與憤怒》，[美] 威廉 · 福克納

《白鯨記》，[美] 赫爾曼 · 梅爾維爾

《老人與海》，[美] 海明威

《純真年代》，[美] 伊迪絲 · 華頓

《傷心咖啡館之歌》，[美] 卡森 · 麥卡勒斯

《赫索格》，[美] 索爾 · 貝婁

《時時刻刻》，[美] 麥可 · 康寧漢

《追風箏的人》，[美] 卡勒德 · 胡賽尼

《我的安東妮亞》，[美] 薇拉 · 凱瑟

《現代藝術史》，[美] H · H · 阿納森／[美] 伊麗莎白 · C · 曼斯菲爾德

《推銷員之死》，[美] 亞瑟 · 米勒

《革命之路》，[美] 理查 · 葉慈

《好人難尋》，[美] 弗蘭納里 · 奧康納

《辛格自選集》，[美] 以薩 · 巴什維斯 · 辛格

《洛麗塔》，[美] 納博科夫

《飄》，[美] 瑪格麗特 · 米契爾

《塵土是唯一的祕密》，[美] 埃米莉・狄更生

《林間空地》，[美] 佛洛斯特

《小於一》，[美] 約瑟夫・布羅茨基

《在路上》，[美] 傑克・凱魯亞克

《當我們談論愛情時我們在談論什麼》，[美] 瑞蒙・卡佛

《麥田捕手》，[美] J・D・沙林傑

日文作品

《挪威的森林》，[日] 村上春樹

《竹林中》，[日] 芥川龍之介

《源氏物語》，[日] 紫式部

《泥河》，[日] 宮本輝

《細雪》，[日] 谷崎潤一郎

《金閣寺》，[日] 三島由紀夫

《暗夜行路》，[日] 志賀直哉

《雪國》，[日] 川端康成

《枕草子》，[日] 清少納言

《怪談・奇譚》，[日] 小泉八雲

《放浪記》，[日] 林芙美子

法文作品

《約翰・克利斯朵夫》，[法] 羅曼・羅蘭

《沙特小說選》，[法] 沙特

《包法利夫人》，[法] 福樓拜

《窄門》，[法] 安德烈·紀德

《悲慘世界》，[法] 雨果

《巴黎的憂鬱》，[法] 夏爾·波特萊爾

《春花的葬禮》，[法] 耶麥

《情人》，[法] 瑪格麗特·莒哈絲

《瘟疫》，[法] 阿爾貝·卡繆

俄羅斯／蘇聯作品

《櫻桃園》，[俄] 契訶夫

《卡拉馬助夫兄弟們》，[俄] 費奧多爾·杜斯妥也夫斯基

《死魂靈》，[俄] 果戈里

《安娜·卡列尼娜》，[俄] 列夫·托爾斯泰

《她等待刀尖已經太久》，[俄] 茨維塔耶娃

《葉甫蓋尼·奧涅金》，[俄] 普希金

《齊瓦戈醫生》，[蘇聯] 鮑里斯·巴斯特納克

《人·歲月·生活》，[蘇聯] 愛倫堡

德國作品

《婚約》，[德] 赫曼·赫塞

《浮士德》，[德] 歌德

《歌德談話錄》，[德] 愛克曼

《浪游者》，[德] 賀德林

愛爾蘭作品

《都柏林人》，[愛爾蘭] 詹姆士‧‧喬伊斯

《布魯克林》，[愛爾蘭] 柯姆‧托賓

瑞士作品

《諾言》，[瑞士] 弗里德里希‧迪倫馬特

《夜晚的消息》，[瑞士] 菲利普‧雅各泰

《老婦還鄉》，[瑞士] 迪倫馬特

義大利作品

《神曲》，[義] 但丁

《十日談》，[義] 薄伽丘

《已故的帕斯卡爾》，[義] 皮藍德羅

《水與土》，[義] 夸西莫多

加拿大作品

《少年 Pi 的奇幻漂流》，[加拿大] 楊‧馬泰爾

《親愛的生活》，[加拿大] 艾麗斯‧孟若

其他國家及地區

《百年孤寂》，[哥倫比亞] 賈西亞‧馬奎斯

《大地的成長》，[挪威] 漢森

《唐吉訶德》，[西] 塞凡提斯 · 薩韋德拉

《漂鳥集》，[印度] 泰戈爾

《小徑分岔的花園》，[阿根廷] 波赫士

《佩德羅 · 巴拉摩》，[墨西哥] 璜 · 魯佛

《我的名字叫紅》，[土耳其] 奧罕 · 帕慕克

《生命中不能承受之輕》，[捷克] 米蘭 · 昆德拉

《變形記》，[奧地利] 卡夫卡

《刺鳥》，[澳大利亞] 柯林 · 馬嘉露

《坐在你身邊看雲》，[葡] 費爾南多 · 佩索亞

《恥》，[南非] J · M · 庫切

《我還是想你，媽媽》，[白俄羅斯] S · A · 亞歷塞維奇

梁永安私藏百部影單

在電影裡，投放自己的喜怒哀樂。

中國

《小城之春》（1948）

《戀戀風塵》（1986）

《秋菊打官司》（1992）

《霸王別姬》（1993）

《陽光燦爛的日子》（1994）

《大話西遊》（1995）

《大話西遊之月光寶盒》（1995）

《女人，四十》（1995）

《甜蜜蜜》（1996）

《春光乍泄》（1997）

《小武》（1998）

《洗澡》（1999）

《一一》（2000）

《花樣年華》（2000）

《臥虎藏龍》（2000）

美國

《一夜風流》（1934）

《亂世佳人》（1939）

《大國民》（1941）

《北非諜影》（1942）

《十二怒漢》（1957）

《迷魂記》（1958）

《公寓春光》（1960）

《窈窕淑女》（1964）

《畢業生》（1967）

《惡夜追緝令》（1967）

《午夜牛郎》（1969）

《教父》（1972）

《唐人街》（1974）

《飛越杜鵑窩》（1975）

《計程車司機》（1976）

《現代啟示錄》（1979）

《曼哈頓》（1979）

《克萊默爾夫婦》（1979）

《金池塘》（1982）

《四海兄弟》（1984）

《遠離非洲》（1985）

《純真年代》（1993）

《辛德勒的名單》（1993）

《阿甘正傳》（1994）

《黑色追緝令》（1994）

《洛麗塔》（1997）

《美國心玫瑰情》（1999）

《魔戒》（2001）

《時時刻刻》（2002）

《愛情，不用翻譯》（2003）

《尋找新方向》（2004）

《醉鄉民謠》（2013）

《歡迎來到布達佩斯大飯店》（2014）

《意外》（2017）

《西部老巴的故事》（2018）

日本

《羅生門》（1950）

《麥秋》（1951）

《西鶴一代女》（1952）

《東京物語》（1953）

《七武士》（1954）

《青春殘酷物語》（1960）

《切腹》（1962）

《怪談》（1964）

《楢山節考》（1983）

《細雪》（1983）

《菊次郎的夏天》（1999）

《神隱少女》（2001）

《黃昏清兵衛》（2002）

《令人討厭的松子的一生》（2006）

《一封明信片》（2011）

《海街日記》（2015）

法國

《安達魯之犬》（1929）

《去年在馬倫巴》（1961）

《中產階級拘謹的魅力》（1972）

《綠光》（1986）

《印度支那》（1992）

《終極追殺令》（1994）

《櫻桃的滋味》（1997）

《穆荷蘭大道》（2001）

英國

《阿拉伯的勞倫斯》（1962）

《埃及豔后》（1963）

《2001 太空漫遊》（1968）

《窗外有藍天》（1985）

義大利

《馬路天使》（1937）

《羅馬，不設防的城市》（1945）

《單車失竊記》（1948）

《大路》（1954）

《新天堂樂園》（1988）

《真愛伴我行》（2000）

德國／西德

《鐵皮鼓》（1979）

《慾望之翼》（1987）

《竊聽風暴》（2006）

瑞典

《處女之泉》（1960）

《布拉格的春天》（1988）

韓國

《八月照相館》（1998）

《82 年生的金智英》（2019）

丹麥

《黑人奧菲爾》（1959）

《破浪而出》（1996）

《厄夜變奏曲》（2003）

《狩獵》（2012）

其他國家及地區

《青木瓜之味》（1993）

《烈日灼身》（1994）

《野蠻入侵》（2003）

《三個傻瓜》（2009）

《生命中最抓狂的小事》（2014）

梁永安：閱讀、遊歷和愛情

作　　者：梁永安

發 行 人：黃振庭

出 版 者：崧燁文化事業有限公司

發 行 者：崧燁文化事業有限公司

E-mail：sonbookservice@gmail.com

粉 絲 頁：https://www.facebook.com/
　　　　　sonbookss/

網　　址：https://sonbook.net/

地　　址：台北市中正區重慶南路一段六十一號八
　　　　　樓 815 室

Rm. 815, 8F., No.61, Sec. 1, Chongqing S. Rd.,
Zhongzheng Dist., Taipei City 100, Taiwan

電　　話：(02)2370-3310

傳　　真：(02)2388-1990

印　　刷：京峯數位服務有限公司

律師顧問：廣華律師事務所 張珮琦律師

國家圖書館出版品預行編目資料

梁永安：閱讀、遊歷和愛情 / 梁永
安 著 . -- 第一版 . -- 臺北市：崧燁
文化事業有限公司 , 2023.08
面；　公分
POD 版
ISBN 978-626-357-483-0(平裝)
1.CST: 人生哲學 2.CST: 自我實現
191.9　　112009913

定　　價：320 元

發行日期：2023 年 08 月第一版

◎本書以 POD 印製

Design Assets from Freepik.com

電子書購買

臉書